U0946724

南山学院百部学术著作系列

低碳经济背景下旅游企业财务管理制度设计

单蕊 车俊文 肖贤飞 著

山东人民出版社·济南
国家一级出版社 全国百佳图书出版单位

图书在版编目（CIP）数据

低碳经济背景下旅游企业财务管理制度设计/单蕊，车俊文，肖贤飞著. --济南：山东人民出版社，2018.8
ISBN 978-7-209-11598-8

Ⅰ. ①低… Ⅱ. ①单… ②车… ③肖… Ⅲ. ①旅游企业-财务管理-财务制度-设计-中国 Ⅳ. ①F592.61

中国版本图书馆CIP数据核字(2018)第216567号

低碳经济背景下旅游企业财务管理制度设计
单 蕊 车俊文 肖贤飞 著

主管单位 山东出版传媒股份有限公司
出版发行 山东人民出版社
出 版 人 胡长青
社 址 济南市英雄山路165号
邮 编 250002
电 话 总编室（0531）82098914
市场部（0531）82098027
网 址 http://www.sd-book.com.cn
印 装 济南万方盛景印刷有限公司
经 销 新华书店

规 格 16开（169mm×239mm）
印 张 14
字 数 200千字
版 次 2018年8月第1版
印 次 2018年8月第1次
印 数 1-1000
ISBN 978-7-209-11598-8
定 价 35.00元

前　言

《中华人民共和国国民经济和社会发展第十一个五年规划纲要》明确要求：单位国内生产总值能源消耗降低20%左右，主要污染物排放总量减少10%。这是我国在总结过去节能和环境保护方面取得的经验基础上，首次以强制性国家规划目标形式明确提出的两个约束性指标，反映了我国贯彻落实科学发展观、促进能源和环境可持续发展的意志与决心。为加快推进节能减排工作，2007年以来，我国在能源与环境方面相继出台了《节能减排综合性工作方案》《可再生能源中长期发展规划》《中国应对气候变化国家方案》《中国的能源状况与政策》等一系列重磅文件。由此开始，我国经济发展开始强调节能减排和低碳模式，低碳经济时代也拉开了序幕。

笔者长期从事企业财务管理、企业资源与环境等方面的理论研究工作，进行了一系列有关企业能源节约、低碳管理和财务管理等方面的研究。本书大致可分为三个部分，共六章：第一部分（第一章）为旅游企业要在低碳经济时代飞速成长，包括低碳经济的含义、主要特征、意义，旅游企业的内涵、类别、特征，以及低碳经济模式对旅游企业的影响；第二部分（第二章）为低碳经济时代旅游企业财务管理制度设计的规范，具体包括低碳经济时代旅游企业财务管理制度设计的原则、工具、步骤和要点，旅游企业财务管理组织结构与责权，以及旅游企业的财务信息系统设计；第三部分（第三章至第六章）为对财务管理制度中各个环节流程设计的研究，包括财务管理制度中的投融资环节、日常管理环节、报告环节、控制环节的流程设计等。

笔者在本书的撰写过程中，拜读了国内外众多专家学者的相关论文、专著和研究报告，从中吸取并引用了许多独具匠心、颇有见地的理论观点，其中大部分均已列入书后参考文献。这些学者的真知灼见为本书大大增添了光彩，在此谨表示深深的谢意！

在本书即将付梓之际，衷心感谢对本书写作和出版给予关怀和帮助的领导和学者。感谢山东人民出版社编辑李楠为本书的顺利出版付出的辛勤劳动；感谢南山集团旅游公司的各位领导在笔者调研和资料收集过程中给予的鼎力支持和帮助；感谢烟台南山学院节能环保低碳经济研究所的教授和同行审阅本书的全部书稿，并提出很多富有建设性的修改意见；感谢本人的合作者车俊文老师、肖贤飞部长，他们在书稿写作，资料收集、整理和格式调整等方面做了一定的工作。

限于本人水平，加上能源节约问题和财务管理制度设计理论的复杂性，书中难免有错误和不妥之处，敬请读者指正。

作　者

2018年2月

目　录

第一章
旅游企业要在低碳经济时代飞速成长

第一节　中国步入低碳经济时代

一、低碳经济的含义

相关低碳经济的研究起源于国外，圣雄甘地曾说："即使地球能够极大地满足人类生存和发展的需要，也无法满足人类永无止境的贪婪和永不满足的欲望。"工业革命以来，人类大肆地开发和利用化石能源来发展工业，以不可再生能源的消耗为代价来满足人们在经济发展与物质上的需要。人类逐步经历了两个明显的经济体系：第一个是低碳经济体系，产生于农业社会；第二个是高碳经济体系，产生于工业社会。

在环境、气候和能源问题日益突出的当下，低碳经济成为各界组织和国际社会都高度重视的概念。美国著名学者莱斯特·R.布朗提出的能源经济革命论就是对低碳经济思想的早期探索。莱斯特·R.布朗认为：为应对"地球温室化"的威胁，人们要尽快转换经济模式，将以化石燃料为主要能源的经济模式转变为以太阳能、氢能等清洁能源为核心的经济模式；并且莱斯特·R.布朗还认为这一经济模式的转变对未来世界经济的发展来说是非常必要和紧迫的，具有重要的意义，应加速建立零污染、零排放的无碳能源经济体系。

2003年，英国就发布了能源白皮书《我们能源的未来：创建低碳经济》，其中首次提到“低碳经济”。实际上，低碳经济是以制度创新、技术创新和改变经济发展观为核心的新型经济发展模式，它的目的是开发清洁能源和提高能源利用效率。我们也可以通俗地认为，低碳经济是将温室气体的排放量控制到最小的一种经济发展模式。发展低碳经济涉及很多方面，小到生活方式和生产模式，大到国家权益和价值观念。低碳经济使人类对生活以及经济、社会发展的观点产生了根本转变，它必将是人类社会继农业文明、工业文明之后又一次巨大的进步，也是人类社会逐渐迈向生态文明至关重要的一步。

二、低碳经济的主要特征

低碳经济是一种十分前沿的经济发展模式。与以往的经济模式相比，低碳经济具有以下主要特征。

（一）先进性

指低碳经济的发展理念与传统经济模式相比具备明显的先进性。从现在看，传统的经济发展模式对生态环境造成了很多不可逆转的损害，污染问题及能耗问题日益突出，而低碳经济要求更高的碳生产率，也就是说要求每单位碳排放能产生更高的GDP及附加价值。除此之外，还要保障社会福利不会由于节能减排而降低，经济发展不会因为减排而被抑制。这种低碳的经济发展模式具备与可持续发展相一致的内在要求，这也是其先进性的鲜明体现。

（二）创新性

指与传统的经济模式相比低碳经济更具创新性。传统的经济发展模式对经济发展品质的关注较小，大多只是注重GDP的多少及增量。然而低碳经济则十分重视对碳排放的相关计量，其主要运用技术的创新来完成低碳的发展目标，进而带动社会各个行业的创新。

（三）阶段性

低碳经济与传统经济相似，都是一种经济形态。低碳经济的发展周期具有十分明显的阶段性。如今地球能源资源紧缺，环境气候破坏严重，低碳理念非常符合人类的发展要求，既倡导高能源利用率和新能源研发，还倡导经济发展结构的合理调整。如能依照低碳经济的要求来发展，而且新能源可以满足社会发展的需求，那么届时经济发展的中心目标也将会产生很大的变化。也就是说，当前的发展阶段过后，必将出现更加紧急和更加高远的经济发展目标，这也能够体现低碳经济的阶段性。

（四）效益综合性

低碳经济发展不仅包括经济发展和经济效益，还包括自然生态系统、物质经济系统、社会系统和人文系统相互协调和相互集成的问题。因而，它所追求的是综合效益，即生态效益、经济效益、社会效益、人的生存与发展效益的相互协调。

（五）要素多维性

这是指低碳经济所包含的要素是全面的而非单一的，不仅包括经济要素、自然生态要素，还包括人文精神要素和社会要素。

三、发展低碳经济的意义

（一）推行低碳经济模式对自然环境的保护非常有利，有助于实现经济和环境的可持续发展

低碳经济是一种旨在减少污染排放、减少能源消耗的新型经济发展模式。它通过减排技术和能源开发技术最大效率地利用能源，以实现可循环的绿色经济。

近年来，我国经济高速发展，但资源、能源以及环境问题日益凸显，暴露出粗放式经济发展模式的诸多弊端。我国煤炭储量较为丰富，天然气和石油都较为短缺，因此我国的能源消耗以煤炭为主，自然对应的碳排放量就高。温室气体排放带来的问题依然严重，它不仅造成环境的污染，还加速了全球变暖趋势。我们只有尽可能地采用清洁可再生能源、减少传统能源的使用，才能实现可持续发展和对生态环境的保护。我国的低碳经济既要顺应“低碳化”的世界发展趋势，又要符合可持续发展的目标。因此，调整产业结构、转变经济发展方式、落实节能减排是未来发展经济的有效途径。

（二）低碳经济对于转变经济增长方式具有明显的推动作用

转变经济增长方式有很多种方法：由不可持续型经济转变为可持续型经济，由粗放型经济转变为集约型经济，由依靠出口拉动型经济转变为依靠内需拉动型经济，由结构失衡型经济增长转变为结构平衡型经济增长，由高碳型经济转变为低碳型经济，由依靠投资拉动型经济转变成依靠技术提高型经济，由依靠技术引进型经济转变为依靠自主创新型经济，由环境遗忘型经济转变为环境友好型经济，由少数先富型经济转变为“共同富裕”型经济。

传统模式下的经济增长往往受到很多因素的制约，比如经济结构不完善、思想观念陈旧、经济产业结构发展不协调等，人们对不可再生自然资源的重要性和紧缺现状缺乏足够的认识。面对制约经济增长方式转变的一系列因素，我们只有把焦点和重心放在发展低碳经济上，经济复苏依靠经济转型，经济转型促进经济复苏，两者密切结合，才能够找到新的经济增长点。

低碳经济模式是一种可持续发展的经济形态，以保护环境及提升生态系统自我调节能力为重要目标，是环境保护与经济增长有机结合的新型经济发展模式。我国应该快速建立低碳经济发展的创新机制，以高效低能耗的创新技术适应高速、持续的经济发展要求。低碳经济既顺应世界经济发展规律，也符合中国和其他国家的共同利益。

（三）低碳经济有助于快速推动“两型社会”的建设

资源节约型和环境友好型社会（简称“两型社会”）建设涉及消费、生产、流通等领域，涵盖了所有的社会活动和经济活动。低碳经济发展是“两型社会”建设的重要内容，也是我国建设资源节约型和环境友好型社会的有效途径。首先，“两型社会”要求在资源和环境等一系列约束条件下，达到经济快速发展与能源资源、自然环境相协调的要求，以优化生态环境为核心，积极有效地改善生态自然环境。而低碳经济模式正是积极应对气候变化和自然环境恶化的重要举措，它可以有效解决环境、资源和能源之间的矛盾。其次，低碳经济模式为“两型社会”建设注入了新的动力。低碳经济模式可以从环境效益、经济效益和社会福利三个角度促进物质文明、生态文明、社会文明协调发展；将低碳、绿色作为经济增长的重要衡量指标，促进自然环境和经济环境的健康、协调发展。

第二节　旅游企业是中国最美企业

一、旅游企业的内涵

旅游企业，是指以旅游资源为重要依托，以有形的空间设备、资源和无形的服务效用为主要手段，在旅游消费服务领域中进行独立经营核算的经济单位。从组织形式来看，旅游企业分为业主制、合伙制、公司制旅游企业及旅游企业集团。

业主制旅游企业是旅游企业中最简单的组织形式，企业主要由业主直接经营，属于业主的个人财产。业主不仅有权利享受企业的全部经营所得，也有义务承担企业的全部债务。业主制旅游企业一般具有结构简单和规模较小的特点。

合伙制旅游企业是由多个业主共同经营的一种企业经营组织形式。合伙人共同享有企业的经营所得，也共同承担企业的各种债务。

公司制旅游企业是一个法人组织体，它以法人的名义来行使民事权利、承担民事责任。公司制旅游企业与合伙制旅游企业的最大不同点在于，公司股东并不需要对企业的债务承担无限责任，而只需承担有限责任；公司股东不能退股，只能转让他的股权。

旅游企业集团是指通过契约或资产关系的形式将多个旅游企业联结成一个经济联合体，主要是由集团公司对其下属的多个子企业进行控制、投资和协调。旅游企业集团以资产为纽带，以母、子公司体制为主。集团内部具有较强的自主性，各成员企业都是独立的法人。

二、旅游企业的类别

依据不同的分类标准，我们可以将旅游企业作出不同的分类。现以旅游企业主要经营的业务为依据把旅游企业分为以下几类：

（一）旅游中介企业

旅游中介企业，也有研究者将其称为中间商。中间商先从旅游产品的生产源头采购可以满足消费者要求的旅游服务和旅游产品，比如保险、住宿、交通等，然后将旅游产品和服务转卖给旅游经营者或游客，从中获得差价和利润。旅游中介企业根据企业所面对经营对象的不同分为零售代理商和旅游经营商（包括批发商）。零售代理商主要是为消费者组合和提供现成的旅游线路，如旅行社等。旅游中介服务已变成当前销售旅游产品和服务的最普遍形式，旅游经营商通常将旅游过程中分散的各个产品组合成一个整体，并通过零售代理商以包价的形式对外销售。因此，旅游中介企业的存在不仅可以为旅游产品的生产者带来便利，而且能给消费者和旅游目的地也带来好处，具体归纳如下：

1.转嫁风险。使旅游生产者能够在大批量向外销售旅游相关产品的同时将经营风险转嫁给旅游经营商。

2.减少费用。产品供应商可以通过集中性、批量的旅游交易有效地降低促销费用。

3.旅游者通过包团旅游的方式可以有效节约收集信息和处理事务时所需的时间和费用。

4.增强可靠性。消费者通过接受旅游经营商的服务和旅游产品能够有效了解旅游的相关专业知识，最大限度地降低旅游中的不确定性因素。

5.降低旅游成本。游客可以依靠批发商强大议价能力将旅游价格降到最低。

（二）旅游交通企业

旅游交通企业，是指在旅游过程中为游客提供从居住地到旅游目的地，以及在各旅游目的地之间转移服务的机构。其中，主要经营旅游目的地之间往返的交通企业的服务具有明显的公共性，在满足旅游者交通需要的同时，也可以满足一些非旅游用途的运输需要，故称为大交通企业；旅游目的地内部的交通企业的服务对象主要是游客，服务对象更明确，因此称为小交通企业。旅游交通企业主要以提供不同的交通工具来满足游客对旅游效率、时间、空间、舒适程度和价格等方面的需求。具体划分如下：

1.公路交通企业

公路交通企业拥有区别于其他交通工具的优势和特征。首先，汽车作为常用交通工具，具有由户到户的灵活性。其次，汽车还可以为旅客提供欣赏风景的良好视野和多样的娱乐条件，如旅行出租车公司、旅游汽车公司。

2.铁路交通企业

铁路运输的主要特点是价格低、运量大、运行时间长。当前，高速公路和空中交通的快速发展对铁路企业发展造成了一定的压力。

3.航空交通企业

通常，旅游企业以飞机作为远距离运输的主要工具和手段来从事空中交通业务。飞机这一航空交通手段具有服务范围广和行驶速度快的显著特点，但是航空交通企业的运输成本、管理和服务技术要求也比较高，因而其发展受到较大的限制。

4.水上交通企业

水上交通企业大多是解决游客涉水旅游时空间位置转移的商业机构，如轮船公司。

（三）旅游住宿企业

旅游住宿企业，也就是我们通常所说的具有商业性质的酒店和宾馆。旅游住宿企业以为顾客提供住宿和其他相关服务为主要业务。住宿企业和其他企业相同，都是利用各种管理手段和生产要素从事生产经营活动，并且能够创造经济效益和社会效益的经济组织。

除以上按经营业务分类之外，还有其他的分类依据。例如，按照企业的主要经营资源可划分为劳动密集型旅游企业和资本密集型旅游企业，按照所有制形式可划分为集体旅游企业、国有旅游企业、个体旅游企业、私营旅游企业和外商投资旅游企业，按照组织结构类型可划分为旅游企业集团和单体旅游企业。

三、旅游企业的特征

旅游企业的特征主要体现在管理、产品、行业三个方面。

管理特征主要指时效性、服务性和多变性。时效性是指旅游企业开发旅游产品的运营成本是相对固定的，可接受的旅游容量也是相对固定的。如果长期没有满足容量的游客数量，企业就将面临经济损失，因此旅游企业必须注重时效性。服务性是指旅游企业的产品实质上是一种服务，具有无形的产品特征。旅游企业的经营以人为中心，由于顾客的来源和层次千差万别，需求也不尽相同，因此多变性也是旅游企业管理的一个重要特征。

产品特征主要有顾客参与性、无形性、无法储存性、产消同时性和质量差异性。旅游产品本身就是服务，需要员工与顾客互动并且参与整个过程，这会直接影响顾客体验。无形性是指旅游消费是一种无形的消费，顾客购买的是无形的旅游产品并享受这种无形的服务。旅游企业提供的这种无形的旅游产品不能被储存，随着时间的推移，旅游产品的价值就会不复存在，因此有效的旅游产品无法储存成为未来的销售收益。产消同时性是指大多数旅游产品的生产和消费都是同时的，生产旅游产品的过程就是消费旅游产品的过程，消费旅游产品的过程也正是旅游产品生产的过程。质量差异性指不仅同一旅游企业所提供的产品有差别，而且相同的人员在不同的时间或者场所提供的服务质量也会不同。

旅游企业的业务活动通常受多种因素的制约和影响，敏感度高，并且对外部因素有较强的依赖，例如经济因素、文化因素、区域季节性因素、社会政治因素。

四、旅游企业发展对我国经济发展与社会进步的影响

旅游企业不仅对经济发展有明显的推动作用，对社会的进步也有很大的

影响。它能够促进我国产业结构的有效调整和优化，为社会提供大量的就业机会，也能够提高人们的精神生活和物质生活水平；此外，还能增进国际交流，促进经济、社会和自然环境三者的协调发展。

第三节 低碳经济对旅游企业的影响

一、旅游企业的收入和利润形成

（一）旅游企业的收入

旅游企业收入，是指旅游企业出售旅游产品或提供旅游服务所获得的收入。包括基本业务收入和其他业务收入。

以收入形成的原因作为分类依据，收入分为提供劳务收入、商品销售收入和让渡资产使用权收入。

以企业经营业务的主次作为分类依据，收入分为主营业务收入和其他业务收入。但旅游企业以提供服务为主，其服务往往具有综合性，无法依据收入额大小或经营范围来确定主营业务收入与其他业务收入。因此，旅游企业的营业收入不再划分主营业务收入和其他业务收入，而是都计入主营业务收入。

按旅游企业经营类型的不同，收入分为旅游饭店收入、旅行社收入、旅游景区收入、旅游车船公司收入等。

旅行社担负着招揽游客、安排接待等工作，因此存在提供服务繁杂、收费项目多样的现状。按业务性质，收入分为劳务收入、综合服务收入、零星服务收入、地游及加项收入、组团外联收入、票务收入、其他服务收入。其中，旅游饭店收入是指酒店、宾馆、旅店的收入，包括客房收入、餐饮收入、商务中心收入、商品销售和代销收入、汽车出租收入、洗衣收入、美容收入、娱乐健身收入、长途电话手续费收入和其他经营收入。

（二）旅游企业的利润形成

旅游企业利润是指旅游企业从事旅游经营活动所获得的旅游收入减去全部旅游成本后的余额，主要包括营业利润、投资净收益和营业外收支净额。投资损失则指旅游企业进行外部投资后，到期所回收的投资额及转让款项小于账面投资净值的部分。投资净收益，是指旅游企业的投资收益减去投资损失后的余额。投资收益包含旅游企业向外进行投资而获得的利息、股息和投资回收以及转让款项高于账面投资净值的差额。营业外收入一般包括旅游企业的固定资产盘盈或变卖的净收益、无法支付的应付款、罚款收入、礼品作价收入及其他收入等。营业外支出具体包含固定资产盘损或报废的净损失、罚偿支出、违约金、赔偿金、公益性捐赠及其他非常损失等。营业外收支净额，是指旅游企业的营业外收入扣除营业外支出之后的余额。旅游企业的营业利润，是指旅游企业销售旅游产品或提供旅游服务等获得的营业收入扣除经营过程中所发生的各项直接和间接成本的余额，也就是从旅游企业的营业收入中减去营业成本、管理费用、营业费用和财务费用后的余额。它体现的是旅游企业从事旅游经营活动所得到的收益水平。我们也可以将旅游企业的税收视作旅游企业从事经营活动所得到的收益。旅游企业税收，指旅游企业从事旅游经营活动而依法向国家缴纳的营业税、所得税及各种附加税等。旅游企业税收也是旅游企业实现的新增价值，并且以税收上缴的形式作为国家的财政收入。

在旅游企业的会计核算中，利润大致分成经营利润、营业利润、利润总额和净利润。

经营利润，是指在一定时期内旅游企业经营旅游业务取得的利润，即经营利润＝营业收入－营业税金及附加－营业成本－营业费用。它反映了旅游企业经营业务所取得的成果。

营业利润是企业利润总额的主要组成部分，指企业经营利润减去管理费用、财务费用后的差额，即营业利润＝经营利润－管理费用－财务费用。其中，管理费用指旅游企业为组织和管理经营活动而发生的费用，以及由企业统一负担的费用。财务费用指旅游企业经营中发生的一般财务费用，包括汇兑净损失、利息净支出、金融机构手续费、加息等发生的其他费用等。

利润总额，是旅游企业在一定时期内已实现的全部利润，即利润总额＝营业利润＋投资收益减去投资损失＋补贴收入＋营业外收入－营业外支出。它反映了企业全部经济活动取得的成果。

净利润是指利润总额减去所得税后的利润，即净利润＝利润总额－所得税。

二、低碳经济背景下旅游企业的新发展

（一）低碳经济是旅游企业发展的新机遇

低碳经济是大力发展生态经济模式的成果，更是人类应对全球气候变化、践行可持续发展的新理念。

旅游是一项综合性的人类文化活动，是人类社会文明进步的标志。旅游涉及环境、食、住、行、游、娱、购、营销等多个方面，具有运用低碳技术成果、响应低碳生活方式理念、推行碳汇机制的先天优势。因此，低碳经济模式的倡导和发展正是当下旅游业发展的新机遇，也是当今旅游发展创新和转型的好契机。其要求从旅游餐饮、旅游住宿、旅游交通、旅游观光、旅游购物、旅游娱乐、旅游环境诸多方面的低碳化要求出发，全面实现旅游服务质量和旅游发展水平的提升与进步，最终实现旅游的可持续发展目标。

（二）旅游企业发展的新挑战

20世纪80年代后，全球气候变暖问题日益严重，这也成为当前人类面临的共同挑战。温室气体排放是导致全球气温不断上升的首要因素，如果人类依然以现有的频率和总量排放温室气体，那么全球平均气温极有可能持续上升，也将在一定程度上导致全球生态系统发生重大变化。

旅游业与自然环境之间具有高度的关联性，这使得旅游业对气候变化非常敏感。全球气候变暖所引起的环境问题将给旅游业的可持续发展带来严重危害，例如水资源减少、海平面上升、生物多样性损失、海岸线侵蚀、基础设施破坏及各种自然突发性事故等。另外，全球气候变暖将直接改变特定旅游目的

地旅游季节、旅游时间的长短，进而影响游客对旅游地的选择。

近年来，随着旅游业不断转型升级，旅游被赋予了更多绿色、环保、和谐的内涵，探索适合旅游发展低碳化的新道路、减少旅游发展中的碳排放变成了当前低碳经济背景下旅游业发展的新方向。

三、低碳经济视角下的低碳旅游

（一）低碳旅游的内涵

在低碳经济背景下，旅游企业要积极贯彻国家的方针政策，响应低碳经济发展的要求，树立高度的社会责任感，以节能减排为目标，合理地开发旅游资源，实现生态环保的最终目标。低碳旅游是将低碳理念和旅游相结合，在发展中利用低碳技术，推行碳汇机制，倡导低碳旅游消费方式，获得最大限度的旅游经济效益、社会效益和环境效益，给旅游者带来更高级旅游体验的一种可持续发展的新型旅游方式。低碳旅游发展的核心理念是以最小化的碳排放量来获得最大化的社会、经济、环境效益。

从图1-1我们可以看出，旅游企业对低碳经济的响应体现在很多方面，例如旅游设施、旅游吸引物、旅游体验环境和旅游消费方式等。我们可以运用各种低碳节能减排技术来提高各项旅游设施的水平，也可以运用低碳技术来缩减运营成本，以实现更大的经济效益。在旅游吸引物的构建方面，旅游企业不仅可以运用低碳技术来实现旅游吸引物品类的创新，还可直接利用低碳技术将高科技产品包装成旅游吸引物。在引导旅游者进行消费时，我们可以从宏观和微观两个角度入手。从宏观上，我们要倡导大众树立文明、生态、环保的全新的生活理念，以促进绿色旅游、低碳旅游的发展。从微观上，我们需要引导个人进行低碳消费，降低个人旅游的碳足迹。在旅游体验过程中，要着重提升环境对碳的贮备能力和吸收能力，着力提高环境的生态化比例，同时，也要通过高碳汇机制的不断创新来提高旅游质量。因此，低碳旅游成为与生态文明相适应的一种新型的旅游模式，为旅游业的可持续发展开辟了一条新的路径。

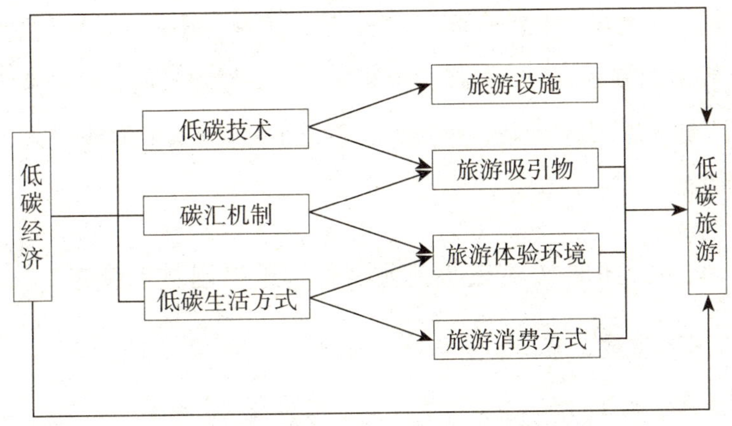

图 1-1　旅游企业对低碳经济的响应方式

（二）低碳旅游的特征

通过对比低碳旅游与一般传统旅游，我们可以发现低碳旅游具有以下特征：

（1）节能性

低碳旅游不论是定义、内涵还是发展模式都强调了“低碳”两字。主要体现为旅游消费的低碳性、旅游产品的低碳性、旅游设施的低碳性。

（2）导向性

低碳旅游作为一种全新的旅游方式和消费载体，其在微观层面上要大力促进低碳旅游市场的发展；在宏观层面应带动多元消费链的产业群发展，优化产业结构。

（3）创新性

低碳旅游能够促进旅游业的创新发展。

（4）操作性

低碳旅游强调减少旅游过程中的温室气体排放，将旅游企业承担的环境责任目标化，合理分摊给每个参与者，突破了生态旅游发展的瓶颈，操作性更强。

（三）发展低碳旅游的意义

低碳旅游可以引导旅游者摒弃自身不良的消费习惯，改变旅游者非理性的消费行为，教育和引导旅游者形成环保和节能的思想意识，改变旅游者和旅游企业高消耗、奢侈的消费和经营理念，培育健康、低碳的消费市场。

低碳旅游能够有效降低能源投资成本，从而增加旅游企业经济收益。通过使用清洁能源和技术创新，可减少旅游企业发展所需的能源消耗，降低成本，增加收益。

四、低碳经济时代对旅游企业财务管理提出的新要求

（一）财务管理在旅游企业中的重要性

1.财务管理概述

（1）财务管理的概念

财务管理（financial management）是指基于一定的整体目标，对企业资本的融通（筹资）、资产的购置（投资）、经营中现金流量（营运资金）及利润分配的管理。

（2）财务管理的目标

企业财务管理的目标大致可以分成以下三个：

①利润最大化。企业盈利增多，企业价值相应地就会增大，这也与企业的经营目标更加一致。

②每股收益最大化。此目标主要考虑股东投入资本与企业实现利润的关系，规避了上述只考虑利润最大化的缺点，但是不足之处是没有考量企业每股收益时间与风险的关系。

③企业价值最大化。这一目标可以有效弥补以上两种财务管理目标的缺点，是相对比较全面、比较科学的财务管理目标。这一财务管理目标首先力求保证企业的可持续发展，并且考量了风险和利润、资金取得时间及其价值，以及投入与产出的比例关系。企业应将各方利益者获得的利益作为衡量企业价值最大化的指标，在制定财务目标时，既要遵守财务活动的准则、规律，又要参考企业的实际情况。

（3）财务管理的内容

财务管理可以分为筹资管理、投资管理、营运资金管理、利润分配管理等。

①筹资是指企业为了满足生产经营资金的需要，向企业外部的个人、单位及其他组织筹措资金的一种财务活动。资金是企业的“血液”，是企业生存和发展的前提条件之一。企业开展正常的生产经营活动离不开资金，但如果资金使用不当，也极有可能影响企业的生产经营活动，因此企业需要进行筹资管理。筹资活动是企业经营管理的重要环节，能够影响企业的经营方式、资本结构和重大决策。因此，企业需要结合自身的实际情况来恰当地选择融资渠道和融资方式。

②投资管理，是指企业为了获得更大发展，对资金总供给量进行管理的活动。企业资产增量管理和存量管理都是投资管理的重要内容。企业的生存与发展会直接受到投资管理效果的影响。有效的投资管理活动能够使企业资金充分有效地利用，并且保持高速运转，促使企业快速扩张。企业投资方向包括企业经营的各个方面。比如，投向生产设施、设备等方面，能大大加强企业生产经营能力中的实体性资产的实力，增强谋取经营利润的能力；以控股投资的方式并购其他企业，可以直接有效地扩大经营规模。因此，投资管理是企业宏观战略层面的管理活动，与企业发展密切相关。

③随着市场竞争激烈程度的增加和环境的变动，营运资金管理对于企业生存能力、获利能力的影响越来越明显。营运资金是流动资产减掉流动负债之后的余额，因此，营运资金管理能够比较全面地对流动资产和流动负债进行共同管理。企业经营活动及产销状况密切影响营运资金的需求量。首先，确保企业正常经营，需要提高营运资金周转率，合理利用资金，提高利用效率。其次，企业还应该处理好偿债能力和收益能力的关系、流动资产与流动负债的关系。

④利润分配，是指将企业实现的净利润，按照国家财务制度规定的分配形式和分配顺序，在投资者和企业之间进行合理分配。企业和投资者是企业净利润的分配主体。必须结合各影响因素确定利润的分配方案，既要维护投资者的利益，又要兼顾企业的长期稳定发展，对净利润进行合理分配。合理的利润分配能够传递正向的利好信息，可以向外界或者投资者展示企业的经济效益，

有利于企业战略目标的调整。

（4）财务管理的职能

①财务战略规划职能。主要负责企业的财务战略规划，具体包括融资、投资、税务规划战略；制定公司会计制度、会计政策，规范财务管理制度；按照经营政策方针，制订年度财务资金计划并加强核算与监管；执行公司的决策与决议，定期报告企业的财务情况与经营结果；审查、决定子（分）公司的重要财务业务，协助子（分）公司解决财务问题，对企业的重要经济活动进行财务分析。

②会计核算职能。企业根据会计政策的具体要求设立会计科目和账簿，并且及时记账、登账与核账；及时核算经济活动、处理账务，最后出具财务报告；审批单据、发票，以及收付款相关的手续，检查其执行的情况；分析财务数据，并且根据分析的数据及时编制财务报表；为了保证会计工作的真实性，需要对收入、利润、成本及费用等项目指标进行跟进和检查；负责投资项目的税务筹划；研究区域和行业具体的财税政策，管理税务相关工作；协调与外部相关部门的关系；落实公司的财税待遇；管理会计档案；对会计资料及相关信息进行加工，以满足公司决策所需；完善会计制度，监督其执行与纠正。

③资金管理职能。加强资金的管理工作，具体包括资金的来源、分配及运用；管理现金头寸，既要权衡资金的盈利能力，也要考虑其风险，防范企业资金的流动性风险；负责办理日常现金收支和资金的使用，例如缴纳税费、结算银行票据、费用支付等；保管银行的空白票据和库存现金；负责编制资金月报表；审查客户信用，评估企业应收账款存在的风险；分析年度经营结果和资金的使用情况，统一调度公司资金；确定股权和债权筹资的比例，满足企业资本结构优化的目标，调整企业的财务结构使财务成本下降；加强企业债务方面的管理工作，不断保证和提高企业的信用水平；结合公司的实际情况，选择合适的财务政策和融资计划。

④资产管理职能。确定采取何种资产盘点方法，例如定期盘点和不定期

盘点；制定企业固定资产管理制度和配件备品的管理制度；有效管理公司资产及其使用，确保资产保值；核实公司实物资产，保证实物资产的安全性和完整性；优化资产配置，提高资产的使用效率。

⑤其他综合管理职能。保管企业的有价证券及会计资料；保管企业的财务公章、各项合同档案；执行企业利润分配方案；审核各财务监督情况及其结果，建立财务预警体系；协调企业的检查工作和外部审计工作；与有关政府部门沟通并配合其工作；计算人力资本对企业利润的贡献率，提供薪酬体系的分配依据；加强财务人员专业技能与职业操守的教育与培养工作；养老金管理；等等。

2.财务管理是旅游企业运营和发展的核心工作

财务管理以价值链为主线，具有很强的综合性，主要对企业投资、融资、资金运营和利润分配等财务活动进行管理，是企业运营和发展的核心工作。随着旅游市场竞争越来越激烈，旅游企业作为独立的经济主体，在发展过程中也会面临各种财务风险。

有效的财务管理可以帮助企业实现其价值的最大化。资金的运行状况是评价企业经营好坏的一个重要指标，有效、合理的财务管理既可以减少旅游企业资金周转的困难，也可以保障旅游企业投资者、债权人的权利。相反，如果旅游企业前瞻性不够，一味地追求眼前利润而不进行有效的财务管理，则会严重影响企业的持续经营。企业财务管理遵循的是成本效益原则，既要最大限度地控制和降低企业的成本和费用，又要保证必须付出的成本和费用能够产生较高效益，降低旅游企业生存风险，提高企业竞争能力。

（二）企业财务管理制度概述

1.企业财务管理制度的概念及作用

企业财务管理制度是企业对财务管理体系建立、会计核算和监督进行的制度保障。财务管理制度的制定，需要遵循国家的法律、法规及财会制度，并结合公司、企业具体的实际情况，以起到明显的指导和规范作用。

首先，合理、适当的财务管理制度能够有效降低企业财务管理中的交易费用，有效约束和规范财务人员的行为。

其次，企业内部成员之间有序、高效的合作需要有效的财务管理制度作为保障。财务管理制度明确规定了企业财务工作的具体工作流程和工作人员的行为，可以保障企业财务工作以及其他内部工作顺利进行。

再次，财务管理制度的存在对组织成员提供了一个长期的、制度化的激励。合理的制度设计可以将组织效益与人的劳动有效、完美地结合起来，使员工的付出与收益以制度化的形式体现出来，最大限度地激励员工。

2.企业财务管理制度的内容及原则

企业财务管理制度的内容大致包括基本财务管理制度、货币资金管理制度、销售与收款管理制度、存货管理制度、成本费用控制制度、筹资管理制度、投资管理制度、利润分配管理制度、内部审计制度、财务信息管理制度等。

基本财务管理制度是企业最基本的制度，它严格规定了企业财务管理制度的适用范围，不仅明确了财务制度的编制意义，而且对企业财务机构、财务人员的岗位职责及配备等都做了非常明确的规定和说明。货币资金管理制度主要是规范和规定企业货币资金的相关管理，包括银行结算制度、现金管理制度、资金管理权责制度、备用金制度、企业内部结算的相关规定等。销售与收款管理制度主要规定以下内容，即企业销售行为一旦发生，就要从以下几个方面严格按照应收账款管理制度进行管理：应收账款减值准备制度、产品赊销管理制度、客户信用管理制度、应收账款监控制度、销售人员回款制度，等等。存货管理制度是主要用来核算与管理进出存货的制度，具体包括存货保管制度、存货分类方法、仓库进出货管理、存货盘查制度、存货控制制度等。成本费用控制制度主要是用来管理成本和费用的制度，包括成本分配、成本预测、成本控制、成本决策、成本考核以及费用的归集与核算制度，等等。筹资管理制度是用来规范筹资相关业务的制度，主要包括筹资程序与筹资类型、企业资本结构、资本风险管理、债务性资本筹集、权益性资本筹集、财务杠杆运用。相对应的投资管理制度是规范投资相关业务的制度，主要包括投资项目审批程序、投资项目决策原则、投资收益管理与分配制度、担保项目管理等。利润分配管理制度包括利润分配原则、利润分配的审批程序、企业留存制度、各方收益人的分配顺序，等等。内部审计制度主要是设定专门的人员配置、内部审计部门和内部审计人员的权力与职责、内部审计目标、内部审计工作流程等。财务信息管理制度主要包括财务信息系统化管理、财务档案电子化、财务核算信息化、财务风险预警制度、财务信息系统维护制度等。

（三）低碳经济背景下旅游企业财务管理制度设计的意义

财务管理制度设计是指为保证公司供、产、销、人力资源等部门规范运作，确保财务安全及提高经营效率而进行的管理制度设计。财务管理的目标主要是通过财务管理制度的设计与有效执行，使公司供、产、销以及人力资源等部门在财务管理制度的规范下正常运作，这不仅可以保障公司资产的安全，还可以保障公司高效地运营。

由此可见，在低碳经济背景下，一套科学、完善的企业财务管理制度是一个企业实现低碳发展的必备条件。旅游企业设计财务管理制度主要有以下几个目的：

（1）加强对旅游企业的管理。低碳经济背景下，旅游企业面临的诸多问题是机遇，更是挑战。因此，旅游企业结合大的经济环境、时代背景和旅游行业自身的特点，设计符合本企业情况的财务管理制度能够促进其自身的有效管理，提高综合实力。

（2）有效地规范财务行为。明确财务分工，妥善处理相关部门的财务关系，可使企业各部门、各岗位的工作人员各司其职，互相监督、互相协作。

（3）确保资产的安全性和完整性。财务管理制度可以明确规定企业资产的使用、保存以及对应账务的处理，因此，完善的财务管理制度有利于确保资产的完整性和安全性。

总之，对于旅游企业来说，财务管理制度设计具有非常重要的作用和意义。

第二章

低碳经济时代旅游企业财务管理制度设计的规范

旅游企业的财务管理是一个系统工程，若想让这个系统的运转符合低碳经济的要求，实现优质、高效、低耗、高产，则需要运用科学的原理、手段和方法，建立合理的运行程序，并对企业的各项管理内容开展标准化、系统化和规范化设计，形成有效的财务管理运营机制，即实现旅游企业财务管理的规范化。

优秀、适用的旅游企业财务管理制度设计应细化包括财务部在内的各个岗位的职责事项和工作范围，例如财务部组织机构设置、日常核算工作管理、货币资金管理、财务筹资管理、财务投资管理、财务账款管理、财务分析管理、财务成本管理、财务控制管理、财务审计管理等，制定大量旅游企业日常财务工作中“拿来即用”的工作程序模板和量表，从而为旅游企业财务管理工作提供极具参考价值的范本，具有较强的操作性和有效性。

第一节　旅游企业财务管理制度设计的原则

旅游企业财务管理制度设计是旅游企业财务管理的一项基本工作，其质量直接影响其财务功能的发挥，因此在设计时必须以一定的原则作为指导。

低碳经济的要求是节能、节约、减少浪费和污染，在此背景下设计的企业财务管理制度也需要注意这方面的要求。

一、财务管理与财务规律相结合的原则

（一）以国家财经政策、法规制度为依据

财务管理制度是旅游企业管理的一项重要制度，它的设计务必要体现国家各个时期的财税政策、法规制度，以及企业与国家、其他企业和员工等各个经济主体之间的经济责任关系。

（二）符合会计信息质量特征

提供满足管理需要的财务信息是旅游企业财务管理工作的基本要求。财务管理信息的质量特征主要包括相关性、一贯性和可比性。

1.相关性

相关性是指旅游企业财务管理制度提供的财务管理信息应当与财务会计报告使用者的经济决策需要相关，能够帮助使用者处理过去、现在和未来的业务事项，以便作出经济决策。

2.一贯性

一贯性要求旅游企业财务管理制度在方法上应保持相对稳定，即企业在不同的时期应尽可能采用相同的财务处理方式，便于不同管理期间信息和资料的纵向比较，进而有利于财务信息使用者做决策。

3.可比性

可比性要求旅游企业的财务管理信息口径与其他同行业一致，相互可比，这就从客观上要求旅游企业财务管理制度要建立在规范统一的基础上。

（三）注意财务管理的系统性和规律性

旅游企业财务管理制度的设计应该用系统的观点来考察财务活动，注意财务管理工作的规律性，并与特定的社会经济条件有机结合，使得财务管理制度体现出财务管理者的愿望、意志和目的，令其能够充分地认识和掌握财务规律。这是因为，首先，财务管理活动贯穿于旅游企业经营管理的全过程，所涉

及的工作对象是相互影响、共同制约和有机联系的，即具有系统性的特征；其次，财务管理要受到客观规律和客观条件的制约。

二、信息化原则

随着经济全球化的深入，市场竞争更加激烈。面对挑战与压力，旅游企业必须加快信息化应用步伐，推动企业财务管理变革，以提升企业核心竞争力。

信息时代旅游企业财务管理的特点是灵敏度高、综合性强、涉及面广。因此，财务管理制度设计的信息化表现为财务软件管理逐步代替人工财务管理。

三、节能化原则

节能化原则是最能体现低碳经济要求的原则，也是在新时代背景下，旅游企业财务管理制度设计务必重视的一项原则。

（一）财务管理制度设计效益节能化

低碳经济提倡的是节能节约，因此开展旅游企业财务制度设计时，不能因规范财务行为而忽视工作效率和运行质量，应该在满足财务管理要求的前提条件下使财务制度设计尽量简洁明了，且具有操作性。

（二）财务管理办公过程节能化

在旅游企业开展财务管理工作的过程中，可以依托系统的信息化资源，大力推进无纸化办公和网络化服务，实现文件的草拟、审核和运转以及会议活动的请示、安排、督查、报告和考核等资料的网络传输。例如为了降低会议费用，可以召开网络会议，以有效提高办会效率，降低行政运转成本。

（三）督促企业办公节能化

设计旅游企业财务管理制度的内容时，要注意对企业日常办公开销进行考核，按照“量入为出、收支平衡、总量控制、过程监督”的基本原则，对车辆管理、水电管理、电话费、办公用品、文印材料、差旅费和接待管理等相对易于控制的经费支出项目实行“经费包干”，并参照工作性质等因素，根据工作人员数量、平常工作量、机关经费情况，对各科室包干限额进行量化管理，以减少人工成本的支出。严格控制水、电等能耗，降低资源消耗。

四、适应企业特点和要求的原则

旅游企业财务制度设计是立足旅游这个特殊行业开展的，因此既要遵循国家的相关规定，也要充分考虑旅游企业本身的管理特点和经营要求，使其具有较强的可操作性。这里需要特别指出的是，在设计旅游企业财务管理制度时，切忌照搬照抄。由于各企业的生产经营过程、生产经营规模、日常管理和经营范围要求等方面存在差异，因此各企业的财务制度不能通用。如果不注意这一点，设计的企业财务管理制度必然指导性差、适应性弱，甚至会将本企业的财务管理工作引入歧途，导致事倍功半。

五、权、责、利相结合的原则

权、责、利的良好分配是确保旅游企业财务管理工作有序开展的重要前提，同时也是企业财务管理规范化的重要要求。模糊的或者非规范的权责范围，会严重制约员工潜能的发挥及工作效率的提高。权、责、利的划分明确指定了负责人，划分了权责范围，设定了利益标准。负责人进行任务分派、及时通知，使得企业内部的事务可以得到统一管理和监督规划，尽量避免出现企业效率低下、做事推脱、权责不明确的问题。因此，旅游企业应当结合自身内部控制要求和业务特点明确职责权限，设置内部机构，将权利与责任落实到各单位；旅游企业可以通过编制内部管理手册，使全体员工掌握业务流程、岗位职责、内部机构设置等情况，明确权责分配，正确行使职权。旅游企业内部要建立权责明确的现代企业制度，即要对不同的部门和岗位进行权责划分，明确不同的部门和岗位应承担的不同职责，从而更有效地实现内部控制。

六、稳定性和变动性相结合的原则

一般来说，旅游企业财务管理制度应当具有连续性和稳定性，不能朝令夕改，这样才遵照和执行了一贯性原则。但是它有一个更突出和更重要的特征就是要由实践来检验：凡被实践验证是正确的，就必须坚持，并保持连续性和稳定性；凡被实践验证是错误或者落后的，就必须修订甚至摒弃，这体现的就是变动性。也就是说，所谓稳定性和变动性，要在旅游企业财务管理中相互结合，在坚持稳定性的大前提之下，用变动性来调整补充。

七、体现内部控制要求的原则

旅游企业的日常运营，涉及生产、流通和分配等各个环节，其财务管理工作则对应着结算往来、实物资产和货币资金等各个项目的管理。因此，旅游企业财务管理制度设计，必须对财务管理组织机构、财务业务程序和财务核算报告等设置必要的内部控制程序、措施和方法。这种内部控制具有自动补偿功能和预防性功能，即在财务信息输入、处理和输出的过程中，均有相应的预备控制系统予以检查，一旦某一处理环节警示有误，就会有相应的措施加以纠正。

八、充分借鉴国际惯例的原则

随着国际资本市场的不断形成和发展，我国的国际经济交往日益增多，向国际惯例靠拢已成为各个行业企业财务管理的一大趋势。因此，我国旅游企业财务管理制度设计应在立足国情的基础上，充分借鉴国际财务管理的先进惯例，不断完善和进步。

第二节　旅游企业财务管理制度设计的工具

“工欲善其事必先利其器”，运用适宜且高效的方法和工具，可以使旅游企业财务管理制度设计变得更加合理和方便。

一、旅游企业财务管理制度设计中高效节能的信息工具

旅游企业的财务管理工作需要将繁多、复杂的信息转化为清晰、准确的各种数据报表，以便进行资料分析与处理，通过数据的变化监督企业的运营过程，同时找出相关问题，为企业作出最优决策提供及时准确的依据。纵观财务管理发展历史，从低级到高级、从片面到系统、从简单到复杂，一切变化都比不上近30年来计算机技术的应用对财务管理工作效率的提高，尤其是排错对账工作和烦琐的核算工作。Microsoft Office系列办公软件使办公自动化成为可能，Excel作为其中一个重要的组件，主要提供数据统计、计算、分析、汇总及丰富的图表显示等一系列功能，由于易用性与普遍性而在财务管理中应用广泛。

现就Excel软件的关键组成部分进行简要介绍：

Excel作为一种功能强大的电子表格软件，它能够利用自身的多功能工具将杂乱的数据筛选整理，形成可用的信息，再供财务人员交流、分享以及分析得到结果。因其在数据处理、统计分析和辅助决策操作方面有显著的优势，所以被广泛地应用于金融、财经、管理等领域。在旅游企业财务管理制度设计的过程中，使用Excel建立各种财务管理模型，有助于财务管理人员在复杂多变的财务环境中准确而迅速地判断、合理地决策，从而高效地开展财务管理工作。

Excel出色的图表工具、直观的计算功能和友好的界面，使其成为最流行的计算机数据处理软件。它不仅具有强大的绘图和制表功能，而且内置了财务、数学、工程和统计等多种函数，也提供了数据分析与管理等多种工具和方法。

核定与运算贯穿整个财务工作，是做好财务管理的基础。利用现代科技简化运算可以减少人为的计算错误，同时可以降低财务人员的工作量。Excel作为普遍采用的一种手段，也为准确、快速地制作财务报表提供了有效帮助。Excel因为简单易学并具备基本的旅游企业财务所需功能，而在众多的财务软件中崭露头角。

Excel电子表格日渐强大和成熟的功能和技术，与财务管理理论相互结合，能够建立多种财务管理模型并发挥它们的作用，促进财务管理科学化。在当前的财务工作中把Excel运用在财务数据处理方面已经变得相当流行和普遍。Excel经常被用来进行筹资决策分析、财务分析、成本核算等工作，而且可以和大多数的财务软件直接对接，获取数据非常方便。

财务人员的日常工作就是对经营数据进行规范化处理，形成经营数据表，通过财务报表真实地反映公司的业务和经营情况的发展趋势。作为专业数据分析软件，Excel具有强大的数据分析和处理功能，利用Excel专门的财务处理函数功能，财务人员能轻松完成日常财务工作中烦琐数据的复核和排查工作，以腾出更多的精力用于财务预测和监控等管理决策工作，从而提高工作效率。

电子表格是Excel的主体，是录入、存储、显示和处理数据的窗口。电子表格除了提供基本的加、减、乘、除四则运算以外，还有计数、求平均数、求和等功能，提供常用的时间、文本、数值等多元数据的存储与显示。在工作表中的单元格可以根据需要进行调整大小、增加、删除等编辑处理，以便于数据更加直观和清晰。

Excel之所以能够被广大财务工作人员认可，主要是因为其强大的计算功能。除了上面提到的基本运算功能,Excel还设置“数据库”“筛选”“函数”“公式”与“宏”等功能强大和丰富的核算功能。面对各类复杂的财务数据，利用Excel能大大提高运算的准确性和效率。其财务与统计函数功能更是在财务工作中被广泛应用，如AMORDEGRC可用于计算每个记账期内资产分配的线性折旧，ACCRINTM可用于计算到期支付利息债券的应计利息，INTRATE可用于计算完全投资型债券的利率。数据透视表和图表功能提供多种类型的图表模板，常用的有条形图、折线图、雷达图、扇形图等，可以满足大多数多元化数据的分析与显示要求。常用模板与预设模板的设置，更为财务管理人员减少重复工作、提高工作效率起到了积极的作用。

总之，Excel表格是现代财会人员手中的电子算盘，是日常财会工作中应用最多的数据分析工具。在低碳经济时代，旅游企业利用Excel制作各种财务管理所用的表格、模型、图表，可以使公司更好地对财务进行管理。

二、旅游企业财务管理制度设计的方法

财务管理制度设计的方法，是指对财务管理制度设计的内容予以表述和反映的方法，包括在进行财务管理制度描述时所采用的方法和在财务管理制度设计过程中所采用的方法。在低碳经济时代，方法的选取规则是简单实用，旅游企业不涉及生产环节，因此其财务管理更加侧重营销环节和岗位流程环节。由此，我们推荐采用以下设计方法。

（一）实地调查方法

实地调查是财务管理制度设计准备阶段必不可少的一个环节，具体包括岗位访问、实地观察、问卷测试、开座谈会、索要文档等。

1.岗位访问

开展岗位访问是旅游企业财务管理制度设计人员获取所需资料的有效方式之一，通常适用于对旅游企业业务流程、组织结构、会计岗位责任制等情况的调查。岗位访问的对象应该对岗不对人，在采访前拟定；访谈的内容一般应涉及工作方法与方式、岗位职责、工作绩效考核方法、工作指令的接受与完成、与其他岗位的牵制与联系等，并且详细记录；建议采用单独谈话的方式开展访谈，以保证访谈结果的可信度。另外在这种情况下，委托的专门设计人员应该独立于旅游企业之外，这样更易发现目标企业在经营管理过程中长期存在的不足或弊端，且更有可能获得较为真实的情况。在访问范围上，对旅游企业会计机构的主要岗位应该逐一访问，而对于其他业务部门的有关岗位，则可根据设计目标的要求确定访问的对象。

2.实地观察

实地观察需要了解的范围非常广，其中相当多的资料可以通过实地观察的方式获取，如旅游企业的运营状况，现行使用的会计科目、凭证、账簿、报表等。在进行实地观察之前，设计人员应该对观察目标大致作出安排，避免盲

目、空泛，这样才能够节省人力和财力，以符合低碳经济的要求。

3.问卷测试

在调查阶段，设计人员有时需要了解一些针对项目的普遍性意见，此时往往采用问卷测试的方式。问卷测试的优点在于调查范围广泛，而且答卷人一般不必写明姓名，这样有利于表达真实的看法和意见。低碳经济背景下旅游企业财务管理制度设计调查问卷案例详见本章附录。

4.开座谈会

设计人员深入旅游企业了解有关情况的一个重要手段就是召开座谈会。开座谈会最大的好处在于集思广益。通常，设计人员受聘后，就应该召开旅游企业财务人员及有关业务岗位人员参加的座谈会，全面了解企业的基本情况、设计的目标和要求、设计的注意事项，并征询旅游企业有关人员的意见和建议。调查过程中，也可根据需要召开专题座谈会。调查基本结束和设计计划草案就绪之后，应该再召开一次会计机构全体人员及有关业务岗位人员参加的座谈会，通报调查的基本结果和拟定的设计计划，并征询上述人员的意见和建议。

5.索要文档

设计人员在调查阶段，还可以根据需要，向目标企业要求查阅有关的档案材料，或要求有关人员提供书面资料，以便对某些值得关注的情况进行深入了解。此类文档应妥善保管，待设计工作结束后或适当时间归还；重要文档如需复印、复制，应征得目标企业许可。

以上五种实地调查的方法，取得的信息内容充实、真实可靠，对于旅游企业财务管理制度设计有很大的实用价值，但是使用起来耗费成本较高，需要配合相当数量的人力和物力，适合处于旅游经济发达地区的企业使用。

（二）分析研究方法

低碳经济背景下旅游企业财务管理制度设计中分析研究的方法包括文字说明法、表格法、流程图法等。

1.文字说明法

用文字说明会计制度的有关内容，是财务管理制度设计使用最多的方法。

该方法在使用时，可用文字单独说明，如财务管理制度的总体说明、会计科目及使用说明、内部控制要点等等；也可用文字辅助图式说明，如对会计组织机构及岗位职责的说明，对凭证、账簿、报表的使用说明，对各类业务会计处理程序的说明等。在应用文字说明法时，要能恰当表达有关内容，行文要规范、定义要严谨、语句要确切，要避免无关紧要的修饰，要防止过于冗长，避免使用易于误解的句子。用文字说明法表示财务管理制度的内容时，要注意层次清晰，同一层次的语句段落要采用相同的字号排列，不同层次内容要采用不同级别的编号区分。

2.表格法

表格法即用表格形式反映旅游企业财务管理制度设计中使用的记录文件的格式。使用过程中要注意：

（1）表格尺寸要统一

统一表格用纸大小，便于表格的登记和装订保管；而统一报表用纸大小，则既便于编制和装订保管又便于阅读。

为了保证表格用纸规格统一、节约而有效，有关主管部门应确立用纸规格，以便设计人员能在相对集中的用纸规格中选择适宜的纸张尺寸。

（2）表格画线要标准

①表格空边的画线：

表格一般由表首、表体和表尾组成。表首反映表的名称、日期等内容；表体以线条划分项目、金额等内容；表尾说明表格经办人员情况。表格空边则是表体与纸张边缘的空间，设计时，要对表格空边作出统一规定，通常表格装订部分空边和表格表首部分空边要留宽一些。另外，表体部分的画线也要统一，例如表体外围用粗线，表体内部标题线用次级粗线，表体内部空格线用细线。也可对表格画线的颜色作出规定，以规范醒目。

②表格栏次的画线：

表格通常分为几个大部分。垂直线应该是最显著的线，如用垂直线将账页的金额栏划分为借方、贷方和余额栏。在金额栏中不同货币单位的线也应有所区别，例如元与角之间、百元与千元之间、十万元与百万元之间等可用粗线，其他可用细线，以便记账人员定位。表格中的横线在较多、较密的情况下，可以每隔五条线采用一条较粗的线，这样可以防止记录串行，也便于统计记录的笔数。

（3）表格制作控制

财务管理业务中的表格数量，在企业所有管理用表格中一般占有较大的比例，为了降低表格制作成本，提高表格使用效率，应对表格制作予以控制。控制的方法就是表格制作、修改及废止的申请审批程序。具体做法：凡表格制作、修改和废止，均须填制申请表，随后连同表格样板，送财务主管审核。表格审核要点主要有：表格是否确实需要；表格内容是否与其他表格有重复或冲突之处；表格制作和修改对有关部门是否有影响；表格使用是否经济有效；表格联数、尺寸及印数是否经济合算；表格废止理由是否正当；其相关业务是否已不存在或其内容已由其他表格代替或合并等。申请单经审核批准后，对制作、修改后的表格予以编号，并将其样本及使用说明向有关部门或人员公布，对废止的表格要限期及时收回，集中处理。

综上可知，表格法有一定的量化标准，数据比较具体，适合执行，但是材料的取得需要有效的信息搜集渠道，并且需要的信息比较全面，适合成立时间较长、数据和信息比较完善的旅游企业。

3.流程图法

旅游企业财务管理制度设计中的流程图包括框图式和符号式。业务流程图的绘制方式包括纵式和横式两种方式。一般情况下，绘制流程图使用的是微软Office中Word自带的流程图或者微软的Visio。

（1）财务管理制度设计中的流程图样式

业务流程图利用简单的图形和符号，表示企业某项业务的工作步骤、先后次序等情况。企业各项业务工作程序如果能根据图示所反映的情况进行分析改进，则既能节省时间和精力，又能保证工作质量。业务流程图是旅游企业财务管理制度设计中常用的以图形反映各项业务处理程序的方法。常用的有以下几种：

①框图式流程图：用矩形框图与直线组成的一种流程图。框图内反映所处理的内容，直线反映信息及其载体的传递流程；框图亦可以反映信息及其载体，直线反映处理内容。它常用于简单的业务处理流程，如图2-1所示。

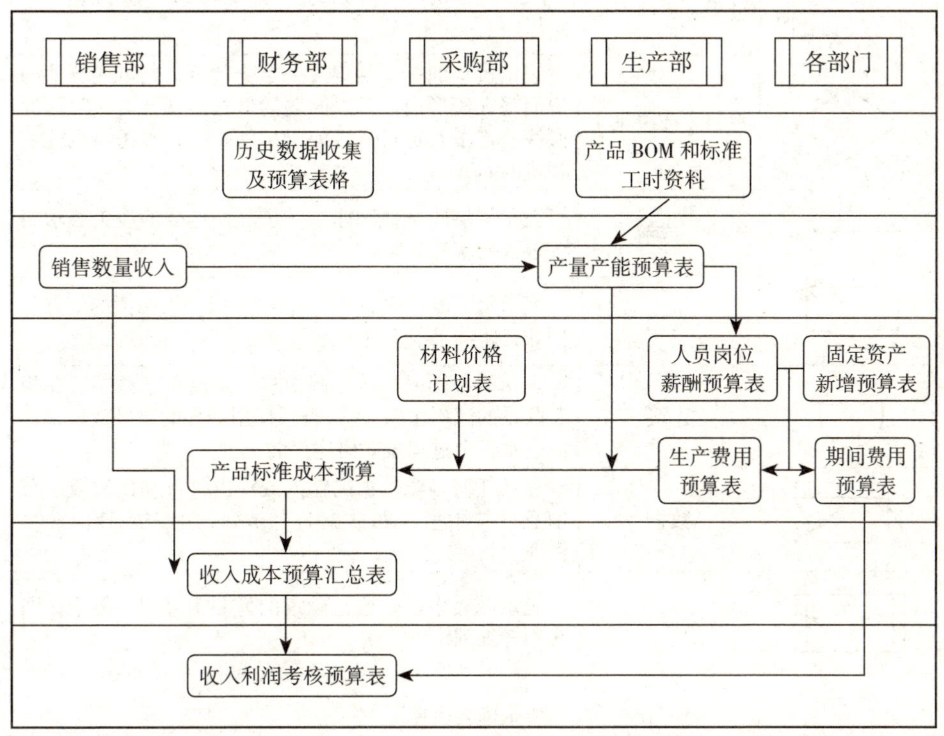

图2-1 框图式流程图

②符号式流程图：企业选择和设计能表示一定意义的符号，并加以连接和技术处理，编制成的可形象反映业务处理过程的一种流程图。它一般比框图式流程图更直观全面，不仅能反映业务处理部门、人员，还能反映信息传递、变换的过程，以及信息载体生成、传递、记录、存档的情况。

画符号式流程图要事先规定符号的样式及含义，并确定绘制规则。旅游企业财务管理制度设计中常用的流程图符号如表2-1所示。

表 2-1　　旅游企业财务管理制度设计中常用的流程图符号

图形	标志名称	含义
	开始和结束	表示一个过程的开始或结束，“开始”或“结束”写在符号内
	过程（或活动）	表示过程的一个单独的步骤，活动的简要说明写在矩形内
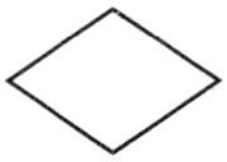	判定（或决策）	表示过程的一项判定或一个分岔点，判定或分岔的说明写在菱形内，常以问题的形式出现。对该问题的回答决定了判定符号之外引出的路线，每条路线标上相应的回答
	连线（或流线）	表示层层步骤在顺序中的进展，连线的箭头表示一个过程的流程方向
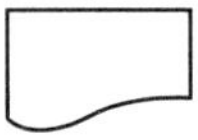	文档	表示属于该过程的书面信息,生成供人阅读的信息,例如打印结果。文件的题目或说明写在符号内
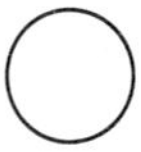	连接	表示流程图的待续。圈内有一个字母或数字。在相互联系的流程图内,连接符号使用同样的字母或数字,以表示各个过程是如何连接的
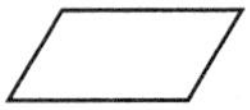	数据	表示任何种类数据的输入或输出，例如接收或发布信息，其中可注明数据名、来源、用途或其他文字说明
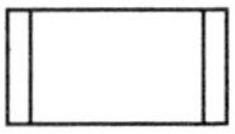	预定义过程	表示图表中已知或已确定的另一个过程，但未在图表中详细列出
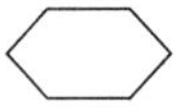	准备	表示准备阶段
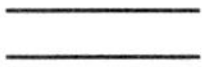	并行方式	表示同步进行两个或两个以上并行方式的操作
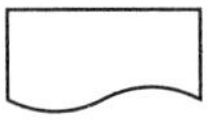	非系统单据	表示没有体现在信息系统中的表单或文档文件，一般与相应的系统外活动一起
	系统单据	表示体现在信息系统中的表单或文档文件，一般与相应的系统内活动一起
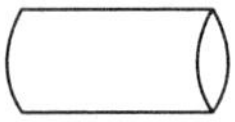	数据库	表示在流程图中用到的数据库，主要目的是调用参考或者归档，可以是实体的文件库房，也可以是信息系统的数据库，如文档库、知识库等
 批注	批注	表示对流程中的节点或其他要素进行说明

符号式流程图如图2-2所示。

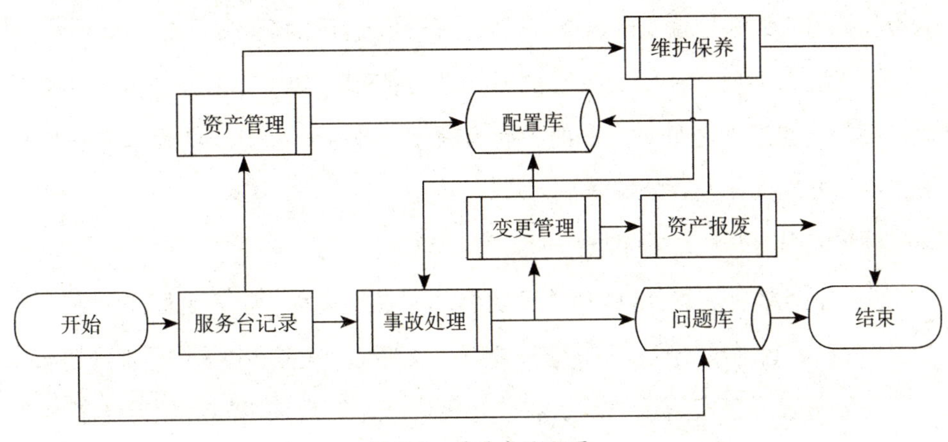

图 2-2　符号式流程图

（2）流程图绘制方式一般有两种，一种是纵式流程图，另一种是横式流程图。

①纵式流程图：绘制方法是将一种业务处理过程按照先后次序，用一条垂直直线串联起来，处理过程中产生的单据以及单据的分类、记录、归集、汇总等处理步骤，都用具体图式描绘出来。这种纵式流程图的一个显著特点是对每个处理步骤都有相应的注释，以简明扼要的文字阐明各步骤的工作内容、控制性质和特点。这种方式较易为人理解，但难以反映各部门之间的联系。

②横式流程图：绘制方法是以业务处理过程中各部门的控制和实施范围以及部门之间的联系为基础，横向表示单据在部门之间和部门内部的传递、分配、记录、归档等步骤。这种方式可以系统、完整地反映业务处理过程中各职能部门之间的联系，但是不便于对各步骤的活动做简单的文字叙述，如果业务内容过于复杂或图形符号过多，就较难明了整体业务的控制系统。

横式流程图在反映凭证、报表生成、传递、保存时有两种处理方法。一是凭证、报表符号及联数在生成、传递、保存过程中多次重复显示。这种处理方式虽然较前一种需多花费些时间，但是优点是与客观实际比较接近，符合人们的视觉习惯。二是凭证、报表符号及联数只在生成时一次反映，以后传递、保存不再显示其符号，而用联数编号来反映。这种处理方式简单明了，凭证、报表与处理符号位置可有一定的规律可循，但是若某一经济业务涉及较多凭证或报表，用联数编号就变得困难，从而会影响流程图的识读。

（3）注意事项：在绘制流程图时，业务流程一般从上到下、从左到右；业务部门设置以业务处理程序的先后为顺序；业务流程中信息载体符号在上端，信息处理操作及存档符号在下端。

设计流程图时注意的要点：

注明业务处理流程经过的部门和经办人；注明凭证、报表名称和份数，用流程线反映其传递的流程；反映业务处理记账情况、凭证和报表归档保存情况。

流程图法简单实用，一目了然，是现代企业经常采用的财务管理制度设计方法。企业只要拥有较为全面的可用信息，都可采用这种方式进行财务管理制度设计工作。

第三节　旅游企业财务管理制度设计的步骤

在低碳经济背景下，旅游企业财务管理制度设计的程序可分为四个阶段。

一、准备阶段

（一）了解被设计单位的基本情况

初步了解旅游企业的情况，分析原有财务管理制度运行利弊，选择相关政策，确定设计方向，创新设计思路。了解与设计项目有关的行业、企业现行法规、财务管理政策和财务管理处理程序方面的内容、活动，包括：对行业和企业基本情况的调查，企业财务管理制度现状及其实施情况的调查，企业各类业务处理程序及其效果的调查。具体表现在以下几个方面：

1.实地调查

实地调查是设计人员进行财务管理设计实际工作的第一步，也是必不可少的一个基本步骤。其主要任务是了解企业实际情况，搜集有关资料，为开展具体设计工作提供客观依据。调查的范围，应视设计的性质和要求，以及企业规模的大小和经济业务的繁简而定。如果是旅游企业财务管理制度的整体设计，一般需要调查下列情况：

（1）旅游企业经营的基本情况。包括旅游企业的特点、规模等情况。凡是与财务管理系统设计有关的事项，均须详细了解。为了便于设计工作的顺利进行，还应根据调查结果编制旅游企业经营的活动程序图，反映企业供应、生产、销售等各阶段主要业务环节的基本流程。

（2）旅游企业经营管理的主要特点。首先，应了解企业管理机构的设置情况和隶属关系、工作程序，如有条件，应绘制企业组织机构系统图，详细反映企业内部组织机构的横向结构和纵向结构、各部门的职责权限和人员配备等。在企业组织庞大、部门繁多、关系复杂的情况下，组织机构系统图有助于相关人员了解企业管理机构的概况，达到一目了然的效果。其次，要注意了解企业的经营政策，主要包括一般的管理政策、财务政策、发售政策、采购政策及人事劳资政策等，了解企业管理部门，以及据以进行管理的基本方针和策略。

（3）旅游企业现行财务管理制度的概况。设计人员应该充分了解企业现行财务管理系统的基本内容、特点、存在的问题和缺陷，主要的成本核算方法，成本核算程序，内部控制制度的基本内容及其实施情况等。只有充分了解现行财务管理系统的不适应、不完善之处，才能在设计新的企业财务管理系统时扬长避短，设计出质量更高、更为实用的企业财务管理系统。

2.展开分析研究

调查了解企业的基本情况和业务程序，并在取得各项资料后，应当进行分析研究，以便确定哪些工作是重点环节、哪些资料有参考价值，并大致确定所有业务的处理及整体构思。在进行分析研究时，特别需要掌握的材料有两类：一是批评性的材料，指现行制度中有待修正的缺点或不足之处；二是建设性的材料，指在建立新制度时所需要考虑的增补之处及原有制度中行之有效可继续使用的材料。

3.制定设计计划

旅游企业财务管理制度设计本身也应科学规划。设计计划至少应该包括以下三个方面的内容：一是设计工作的进度，包括时间概算、时间的具体分配方法，应初步拟定日程表，以便按期完成设计任务；二是设计工作的程序，包括有关人员的职责分工、设计工作的协调制度、设计内容的审核制度等，做到有关人员各负其责、分工协作；三是设计工作的大纲，包括根据有关法规制度、联系企业实际情况初步拟定的会计科目表、账簿组织系统图、主要业务工作流程图、原始记录程序图、成本核算组织和内部财务管理控制制度的基本设想等，用以指导具体的设计工作。当然，在设计工作过程中，也可以根据设计的需要对设计计划的有关内容进行合理修订。

（二）初步完成企业财务管理制度的总体设计

财务管理制度的总体设计包括确定设计类型与方式、设计方案，选择设计手段和会计政策，制定设计验收标准，落实设计人员，安排设计进度。

1.确定设计类型与方式

设计类型与方式要按照旅游企业的经济性质、规模来确定。比如要确定是民营企业还是国有企业制度设计，是大中型企业还是小规模企业制度设计，是集团公司还是子公司制度设计等。

在确定类型之后，可以选择单独设计、共同设计、集体设计和会议设计等方式。

2.确定设计方案

设计方案根据旅游企业财务管理制度涉及的范围，一般分为全面设计和局部设计。全面设计是指为企业设计一整套财务管理制度，一般在新建的企业或改制、兼并与收购后的企业里，需要进行全面的财务管理制度设计。局部设计又可分为补充性设计与修订性设计。

3.选择设计手段

设计手段是指进行会计制度设计时，是选择人工设计还是电脑设计，企业自行组织设计还是外聘会计师事务所等中介机构进行设计等。

4.选择会计政策

企业会计政策有多种，旅游企业应该在法律允许的范围内，审慎选择适合本企业实际情况的会计政策。

5.制定设计验收标准

验收标准是指衡量会计制度设计质量好坏的规定，包括会计制度内容合规、合法、系统、完整，运作起来实用、高效、成本低、便捷、准确，适合旅游企业的实际情况，能满足会计核算和经济管理的需要等。

6.落实设计人员，安排设计进度

根据旅游企业的规模和管理要求，由企业内部会计负责人、专家和其他管理人员组成设计小组，也可聘请会计师事务所、财务咨询公司等中介机构帮助设计。不论采用何种设计方式，在设计工作开始之前都必须对参与设计的人员进行聘任或任命，以明确设计工作的任务和要求，赋予设计人员必要的职权；确定设计工作的时间、费用及任务，力求安排紧凑、周密。如果是委托方设计，企业还必须与委托方设计机构和人员签订合同，以明确双方在制度设计过程中的权利和义务，并注明收费标准、违约责任和其他事项。合同经双方签章认定生效后，双方基于设计企业会计系统的委托受托关系即告成立。

二、设计阶段

在做好上述各项准备工作以后，就可以正式进入企业会计制度的实际设计阶段。

（一）确定会计制度的框架结构

在这一阶段，设计人员根据会计制度总体设计的框架和规划，结合对企业深入调查掌握的情况，着手进行分部门、分业务或项目的具体设计工作，主要有以下几个方面：会计组织机构的设置及会计人员基本数量的确定、设计会计科目的类别和总体账目的繁简程度、设计原始凭证和记账凭证、设计会计账簿和辅助记录、设计成本计算方法及费用分摊的标准、规划采用内部会计制度的业务类型、设计会计报表种类及其主要会计指标、设计会计核算形式。

（二）设计人员按分工进行具体设计

设计工作一定要按设计规划制定的设计大纲、工作进度和质量要求进行，包括具体落实设计方案、设计范围与表现形式，分别采用文字说明、表格和流程图等各种形式完成设计工作。设计时可对总体设计中未能拟定的内容进行必要的补充，并使各个具体的设计内容协调一致。

设计阶段是整个企业会计制度设计工作的主体，设计出来的会计组织机构、会计核算形式、会计控制制度应做到系统全面、科学合理、清晰具体、便于操作。有关设计工作的具体内容和方法，将在以后各章介绍。

三、试行修正阶段

企业会计制度设计工作十分复杂，很难经过一次设计就十分周全，因而在会计制度草案设计就绪之后，应组织试行，进行检验。将已完成的会计制度交付企业各部门试运行，并搜集运行中发现的问题，寻找漏洞、查找不足。例如会计制度应通过三次月结、一次季结加以检验。在试行阶段，设计人员应当向试行企业的全体员工，特别是会计人员和处理实务的相关人员，详细宣讲会计制度的基本内容和具体规定；深入基层进行现场观察和测定，随时注意试行过程中发生的问题，发现草案中的缺陷和薄弱环节，并认真听取他人意见，尤其应当注意会计人员和其他职能部门对制度草案的意见，并深入分析出现差错或效果不佳的原因，作为修正的依据；对于会计制度中不符合实际需要的内容、不利于会计工作操作和企业发展的情况，予以坚决更改；对于内容过于烦琐、不便于施行的方面，予以删减；对于过分简化、不能充分满足信息需要的部分，予以修订弥补。一切强调实用、高效、准确。在试行中，对于某些项目还可以依照实际反映，另行拟定几种不同方案，对比试验，加以优选。

四、定稿颁布阶段

试行之后，应该将试行情况进行总结，认真分析各方面的意见和建议，对不足之处进行合理修正，然后确定全部设计文件，最后修订定稿，成为正式的旅游企业会计制度，由旅游企业管理当局或有关部门颁布并贯彻施行。

第四节　旅游企业财务管理制度设计的要点

在低碳经济背景下，综合上述旅游企业财务管理制度设计的工具和步骤，我们提出了促进旅游企业财务制度发展的几点建议。

一、要将财务管理制度制定完善

要让企业财务管理活动有所参照，则必须建立下面这些财务管理机制：

（一）岗位责任制

依照公司章程和内部岗位责任制，明确划分旅游公司中经营管理层、财务部门和各职能部门的财务管理职权范围，实现财务管理的高效、有序运行。

（二）财产物资、货币资金收支的管理及清查盘点制度

制定旅游企业各项财产物资的购入、收发、销售、盘盈、盘亏、毁损的有关手续与管理制度，固定资产、包装物等的使用、维护、修理制度，货币资金的收付手续和牵制制度，定期和不定期的财产盘存制度。

（三）财务管理基本业务程序制度

财务管理基本业务程序制度包括：本企业的财务核算管理办法，负债的归还、登记、计息、审批的处理办法，应收账款的登记、核对、清理、保管制度，投资项目、投资方案的可行性分析，立项审批、管理考核制度，成本费用计算与分摊办法，费用开支审批程序等。

二、转变管理观念，改善管理模式

首先，旅游企业的经营者一定要抛弃过去陈腐落后的管理理念，在关心自己财务专业水平提升的同时也要关心管理人员财务知识的积累情况，注重员工科学文化素质的提高。在旅游企业的财务管理中，要注重以人为中心，实现对财务人员行为的规范，建立权利和责任相统一的财务运行模式。要注重对员

工的管理和激励，从而实现企业财务管理中主动性、积极性及创造性的调动。与此同时，企业的管理者要优化传统的管理形式，分割高度集中的经营权与所有权，强化提升经营管理者素质意识，防止在中小企业的成长过程中产生过度的领导者集权情况，设立职责分明、合理科学的管理模式。

三、加强中小企业财会人员队伍建设

在建设旅游企业财务团队的完善过程中，一定要针对企业的实际经营情况，确立一系列比较健全、符合现实情况的奖罚制度、考查制度、财务员工职业技能培训及财务职位管理制度，以达到对财务员工管理上的明确分工与奖罚分明的效果。与此同时，也要对企业本身的财务员工施行有计划的、有针对性的职业能力培训，提升财务工作者的专业水平与职业素养，并且在年终对财务管理者进行考查。另外，企业运作过程中需要建立与自身发展相符的人力资源吸纳与管理制度。

四、一定要建立独立的审计部门

旅游企业要在企业内部成立一个不归于任何职能单位、相对独立的审计部门。它的作用就是对企业内部财务控制系统的责任分配、奖惩办法及其量化进行完善，在完成对企业内部审计制度改善的同时，确保审计内部监督的效果。

第五节　旅游企业财务管理组织结构与责权

一、公司财务部门的职能

（1）认真贯彻执行国家有关的财务管理制度。

（2）建立健全财务管理的各种规章制度，编制财务计划，加强经营核算管理，反映、分析财务计划的执行情况，检查监督财务纪律。

（3）积极为经营管理服务，促进公司取得较好的经济效益。

（4）厉行节约，合理使用资金。

（5）积极进行纳税筹划，按时足额交纳税款。

（6）配合母公司的财务审计，按时上报报表。

（7）合理分配公司收入，及时完成税收的上交。

（8）完成公司交给的其他工作。

二、旅游企业财务管理岗位设计

（一）财务管理岗位组织结构

在低碳节能的要求下，根据财务系统的业务流程，并针对自身特点，旅游企业财务管理岗位设计如下：公司设立财务部门，财务部门下设会计科和财务管理科，往下又分多个小组。

财务部在总会计师的监督和财会科长的领导下实行分工协作，形成一个以总会计师为首、以财会科长为主管、在会计机构内部分设若干工作小组的财会机构组织体系。会计科和财务管理科分别由两位财会科长主管负责，各小组由1～2名财会人员组成，小组成员按各自岗位职责进行分工协作。

旅游企业财务管理岗位组织结构如图2-3所示。

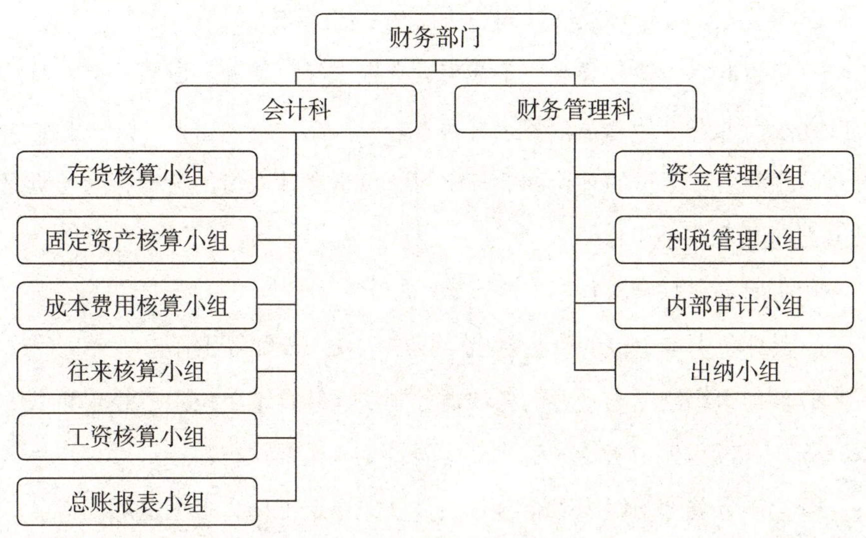

图 2-3　旅游企业财务管理岗位组织结构

（二）财务管理岗位职责

1.总会计师岗位职责

（1）组织编制和执行预算、财务收支、信贷计划，拟定资金筹措和使用方案，有效地使用资金。

（2）进行成本费用预测、计划、控制、核算、分析和考核，督促本单位有关部门降低消耗、节约费用，提高经济效益。

（3）建立健全经济核算制度，利用财务会计资料进行经济活动分析。

（4）组织和监督本企业执行国家有关财经法律、法规、方针、政策和制度，维护企业财产物资的安全完整。

（5）组织和领导本单位会计制度和财务制度的制定。

（6）审核对外报送的财务会计报告，审核后签名并盖章。

（7）承办企业主要领导人交办的其他工作。

2.会计科财会科长岗位职责

（1）协助总会计师展开全面经济核算。

（2）组织制定本企业的各项会计管理制度，并督促贯彻执行。

（3）参加生产经营管理活动，参与预测、决策和业绩评价。

（4）参与拟定或审核经济合同、协议及其他经济文件。

（5）负责向本企业领导和职工代表大会报告经营状况和成果，审查对外提供的财务会计报告，审查后应签名并盖章。

（6）组织会计人员的理论和业务学习，负责会计人员的考核，参与研究会计人员的任用和调整工作。

3.财务管理科财会科长岗位职责

（1）具体负责本单位的资金筹措、投放、收入分配等工作。

（2）参与组织制定本企业的各项财务制度，结合本单位生产经营和供应等具体情况，按期编制财务成本计划、信贷计划并监督执行。

（3）会同有关部门组织对企业各项资金的核定工作，多渠道筹集资金，降低资金成本，提高资金使用效率并及时完成税利上缴等任务。

（4）定期开展经济活动分析，提出改善经营管理的建议和措施，挖掘增收节支的潜力。

（5）组织财务人员的理论和业务学习，负责财务人员的考核，参与研究财务人员的任用和调整工作，协调与会计主管的关系和业务衔接。

4.存货核算岗位职责

（1）会同有关部门拟定存货管理与核算实施办法。

（2）审查汇编材料采购用款计划，控制材料采购成本。

（3）审查存货入库、出库手续，负责存货的明细核算和有关的往来结算业务。

（4）配合有关部门制定材料消耗定额或标准，会同有关部门编制材料计划成本目录。

（5）参与存货的清查盘点，分析存货的储备情况。

5.固定资产核算岗位职责

（1）会同有关部门拟定固定资产管理与核算实施办法。

（2）参与核算固定资产需用量，参与编制固定资产更新改造和大修理计划。

（3）负责固定资产的明细核算。

（4）计提固定资产折旧，核算和控制固定资产修理费用。

（5）参与固定资产的清查盘点，分析固定资产的使用效果。

6.成本费用核算岗位职责

（1）加强成本管理的基础工作，拟定成本核算办法。

（2）编制成本、费用计划。

（3）核算产品成本，编制成本、费用报表。

（4）进行成本费用的分析和考核。

（5）协助管理在产品和自制半成品。

（6）开展部门、车间和班组经济核算工作。

7.往来核算岗位职责

（1）办理各项应收、应付、预收、预付款项的往来结算业务，建立往来款项的清算手续。

（2）负责备用金的管理和核算。

（3）负责债权、债务的明细核算。

（4）催收外单位欠款，建立账龄分析表，按规定处理坏账损失业务。

8.工资核算岗位职责

（1）会同劳动人事部门拟定工资计划。

（2）审核发放工资、奖金，负责工资费用的分配核算。

（3）按规定计提职工福利费、职工教育经费和工会经费，并及时向有关部门拨交工会经费。

9.总账报表岗位职责

（1）负责登记总账。

（2）编制资产负债表、利润表、现金流量表、所有者权益变动表及相关附表，会计报表附注，财务情况说明书，并对全套财务会计报告的数据进行核对。

（3）管理会计凭证、账簿、报表等会计档案。

10.资金管理岗位职责

（1）参与筹资方案的评价筛选和确定。

（2）参与借款合同的签订。

（3）对对外投资进行可行性研究。

（4）进行基建投资和设备改造的可行性研究。

（5）负责客户商情调查和信用调查。

（6）对资金使用效果进行分析和考核。

11.利税管理岗位职责

（1）与会计主管共同核实利润计算是否正确。

（2）按国家规定的利润分配程序分配利润，并通知会计转账。

（3）办理纳税登记，申请减免税和出口退税，核实税金的缴纳，编制有关的税务报表和相关的分析报告，办理其他与税务有关的事项。

（4）审查利润表和利润分配表，并编制利润计划。

（5）参与利润分配的会议。

（6）协同会计主管分析利润增减的原因及应采取的对策。

12.内部审计岗位职责

（1）按有关规定审查经济事项，审核财务收支、财产收发等会计凭证是否合法、完整和正确（包括内容的真实性和数字的准确性）。

（2）对会计凭证、账簿、报表的记录进行复核，并记录差错和检查记录有无篡改等情况。

13.出纳岗位职责

（1）办理现金收付和银行结算业务。

（2）登记现金和银行存款日记账，并编制库存现金和银行存款日记账表，及时清查未达账项。

（3）保管库存现金和各种有价证券，有关印鉴、空白收据和支票。

（4）严格控制签发空白支票。

（三）财务管理岗位设置的基本要求

1.不相容职务

单位领导人的直系亲属不得担任本单位的财务管理机构负责人、财务管理主管人员。财务管理机构负责人、财务管理主管人员的直系亲属不得在本单位财务管理机构中担任出纳工作。

2.不相容亲属

需回避的直系亲属为夫妻关系、直系血亲关系、三代以内旁系血亲及配偶亲关系。

三、财务工作管理的基本规范

（1）财务管理凭证、财务管理账簿、财务管理报表和其他财务管理资料必须真实、准确、完整，并符合财务管理制度的规定。

（2）财务工作人员注意事项：

办理财务管理事项必须填制或取得原始凭证，并根据审核的原始凭证编制记账凭证。财务管理人员、出纳员，都必须在记账凭证上签字。

对本公司实行财务管理监督。对不真实、不合法的原始凭证，不予受理；对记载不准确、不完整的原始凭证，予以退回，要求更正、补充。

根据账簿记录编制财务管理报表应上报总经理，并报送有关部门。财务管理报表每月由财务管理人员编制并上报一次，财务管理报表须由财务管理科科长签名或盖章。

财务管理档案应装订成册。财务管理档案需指定专人管理，未经总经理批准，他人不得带出、查阅和复印。

发现账簿记录与实物、款项不符时，应及时向总经理书面报告，并请求查明原因，作出处理。

财务工作人员对上述事项无权自行作出处理。

（3）财务工作应当建立内部稽核制度，并做好内部审计。

出纳人员不得兼管稽核、财务管理档案保管和收入、费用、债权和债务账目的登记工作。

（4）财务工作人员调动工作或者离职，必须与接管人员办清交接手续。

财务工作人员办理交接手续时由财务负责人监交；财务负责人的交接由总经理进行监交。

第六节　旅游企业的财务信息系统设计

如前所述，低碳经济时代的基本要求是简洁、节约。旅游企业对财务系统进行设计，目的是使其能以数据化、规范化、敏捷化的方式对企业发生的与财务有关的业务活动进行记录，实时、准确地反映公司的财务状况和经营状况，简化财务工作流程，提高财务工作效率。

一、低碳经济背景下旅游企业财务管理信息系统运行框架

我们拟在某旅游公司财务系统中建立一套以总账业务管理为基础、报表

业务处理为结果的一套业务流程模式，主要包括建立账套业务流程、总账业务流程、应收账款（应收票据）业务流程、应付账款（应付票据）业务流程、存货管理业务流程、固定资产管理系统流程、报表处理业务流程及财务系统维护业务流程。

各业务之间的架构如图2-4所示。

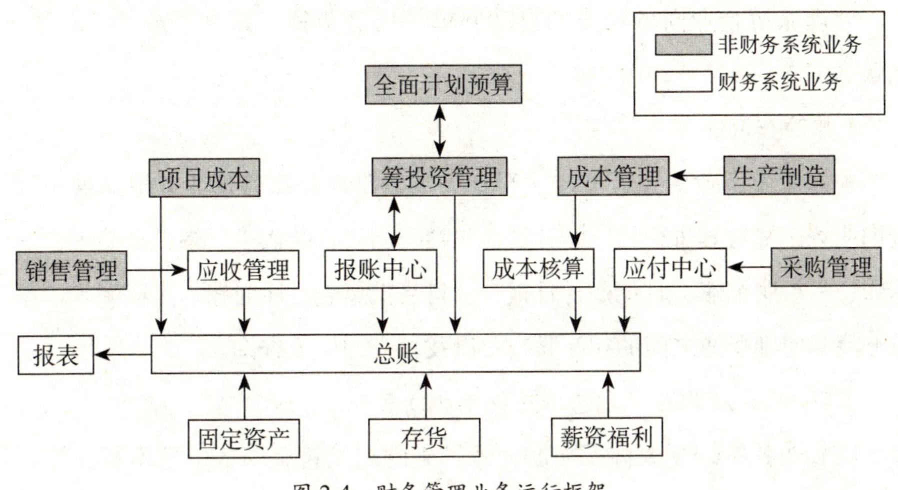

图 2-4　财务管理业务运行框架

二、信息环境下旅游企业财务系统业务划分与业务范围

（一）财务总账管理

财务总账管理是指针对旅游企业发生的业务，企业财务人员在审核原始凭证后据以填制记账凭证，并将内容录入明细账与总账中。财务总账管理是财务系统的核心：对企业资金进行全面管理，通过对资金的监督与控制实现对企业生产经营活动的综合管理；简化会计处理程序，取代人工记账，增加会计工作的正确性和及时性。总账管理核算除了应收款、应付款、固定资产和报表业务以外，主要包括以下工作内容：

1.期末余额录入工作

在开启总账系统时，将手工账中各账户的余额录入总账系统中，作为开始录入日常业务之前的准备。

2.凭证管理工作

这项工作指企业发生的除了应收款、应付款、固定资产和报表业务以外所有业务的凭证处理工作，包括填制凭证、出纳签字、审核凭证、记账、查询凭证、冲销凭证、凭证整理。

3.期末处理工作

处理旅游企业财务期末的自动制单、损益调整、试算平衡、月末结转、结账等工作。

4.账簿查询业务

根据旅游企业的经营要求，财务人员需要在总账管理业务中提供账簿的查询业务，并对其进行相应的分析，包括查询科目余额表、辅助余额表、三栏总账、三栏明细账、日记账、日报表、科目汇总表、序时账、多栏账等，各汇总账簿与明细账簿之间的相互联查，以及相应的凭证查询。

（二）财务应收账款（包括应收票据）管理

应收账款管理主要涉及旅游企业发生的与销售、劳务、技术服务等客户有关的应收账款情况、客户实际回款情况等业务，还涉及因此发生的应收票据的兑付与保管业务。

1.应收账款业务处理

填列旅游企业发生的应收账款与应收票据业务的详细内容，包括收款对象、业务类型、业务金额、产品名称、客户回款冲销、余额结转以及与此相关的主要内容，填制记账凭证、录入明细账与总账。

2.应收账款坏账处理

针对销售业务的发生情况及收款情况，对现有应收账款计提坏账准备。企业财务人员可以预先录入坏账的计提方式，然后选择计提方式，系统能够自动计算出坏账准备的金额。根据坏账准备的金额来填制记账凭证，并录入明细账与总账。

3.应收账款查询业务

财务人员针对旅游企业的管理需要，提供相应的应收账款与应收票据查询业务，并定期收集和接收应收账款与应收票据的预警信息，包括客户应收款查询、已收款查询、未收款查询，能够根据需要提供多方面的查询，提供客户业务明细账、业务总账、业务余额表、科目明细表、科目余额表、应收账款账龄分析、收款账龄分析、欠款分析、收款预测分析等报表。

（三）财务应付账款（包括应付票据）管理

应付账款管理是通过对客户应付款情况、实际付款情况的管理，及时给管理人员提供拖欠客户款的总金额和明细情况，便于管理人员根据企业的实际情况合理、有效地支付欠款，以维护企业自身的利益，增强信誉度。

1.应付账款业务处理

对采购系统中传递过来的采购专用发票、采购普通发票、运费发票审核并结算后，按事前定义好的科目和采购业务类型生成记账凭证，在确认无误的情况下向总账传递记账凭证。付款时，在应付款管理中录入付款单并按照付款情况核销应付款记录，在对付款单进行审核后，填制记账凭证并向总账传递凭证。

2.应付账款查询业务

根据旅游企业管理的需要，财务人员应该能够提供应付账款与应付票据的查询业务，包括客户应付款查询、已付款查询、未付款查询，能够根据多方面的需要提供客户业务明细账、业务总账、业务余额表、科目明细表、科目余额表、应付账款账龄分析、欠款分析、付款预测分析等报表。

（四）存货管理

存货管理是将旅游企业发生的所有存货信息录入系统当中，对企业所有的存货包括材料、物资、产成品等进行核算与管理。

1.存货的分类管理

企业所管理的存货种类较多，对其应根据采购部门、库存部门及销售部门提供的资料进行分类，分别对其进行核算与管理。

2.存货的增加管理

包括材料的采购入库、产品的生产完工入库管理。

3.存货的减少管理

包括存货的销售、存货的领用、物资的消耗等业务。

（五）固定资产管理

固定资产管理是指对旅游企业的所有固定资产进行全面管理，建立固定资产卡片档案和资产异动情况流水账，严格管理固定资产发生的变化，对企业应计提折旧的固定资产定期计提折旧，并对固定资产的报废、毁损、盘亏等进行处理。

（六）综合报表管理

综合报表管理业务是指旅游企业财务人员根据企业管理需要及外部信息使用者的需要来编制财务报表，主要包括资产负债表、利润及利润分配表、现金流量表、应上交和应弥补情况表、财务状况说明书，等等。

三、信息环境下旅游企业财务管理业务流程设计

（一）建立账套业务流程

建立账套业务流程如同公司的手工记账一样，首先需要建立账套，录入旅游企业的初始资料，审核后，进行存盘；在一个会计期间结束后，企业需要将上一年度的账户余额进行结转，因此需要针对企业实际情况设置新的年度账，将上一年度的余额进行结转。这一流程主要包括建立账套、修改账套、新建年度账三项内容。

1.本业务流程简述

（1）企业财务人员需要收集相关的业务初始资料，包括账套信息、单位信息、基本核算信息及企业的基础信息等。

（2）系统管理员将这些初始资料输入系统当中，审核后，点击确认，则财务系统的建账工作结束。

（3）如需修改，则必须是具有系统管理员资格的用户在修改账套目录下进行修改。

（4）在本会计期间结束后，可以建立新年度账，并对会计科目的余额进行结转。

（5）新建年度账时，用户首先要以账套主管的身份注册，并且选定账套，进入系统管理界面，然后进行结转上年余额。

2.本流程所需准备的资料

（1）账套信息：账套号码、账套名称、账套路径、会计期间。

（2）单位信息：单位名称等。

（3）基本核算信息：本币代码、本币名称、账套主管、企业类型、行业性质。

（4）基础信息：存货类别、客户分类、供应商分类、外币种类。

3.注意事项

（1）一个系统可以建立几个账套，一个账套中也可以存放不同年度的会计数据。

（2）只有系统管理员才能新建账套、修改账套、新建年度账。

（3）新建年度账时，所默认的账套就是用户注册进入时所选定的账套，新建的会计年度就是当前会计年度加1的那个年度。

（4）结转上年余额之前，首先要建立新年度账。

建立账套业务流程详见图2–5。

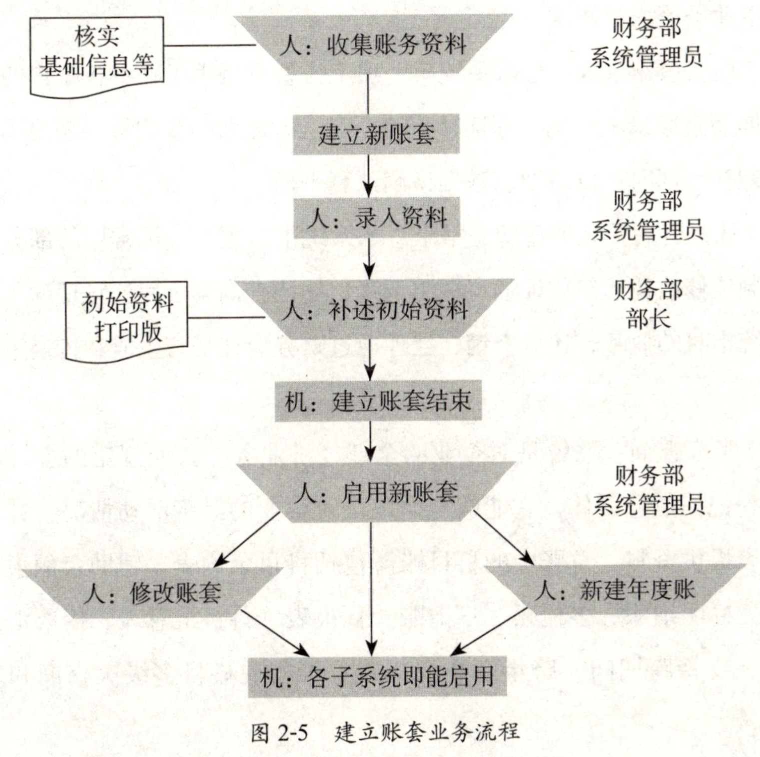

图2-5　建立账套业务流程

（二）总账业务流程

总账业务流程是针对总账会计工作进行的业务设计，核算公司除了成本费用、应收应付款项、存货以及固定资产以外的业务。原始凭证传入系统后，财务人员会接收到系统传递的凭单，根据凭单填制记账凭证，或根据系统设定直接生成记账凭证，审核后，凭证直接入明细账与总账系统当中，实现整个财务业务的信息化处理。总账处理系统需要财务人员根据相应的需要进行总账与明细账查询，并根据所查询的结果直接查询到相应的记账凭证。

1.实施的前期准备内容（其他系统类似）

（1）基本档案设置：在各系统应用之前，企业必须先进行基本档案设置，即录入会计科目、凭证类别、外汇汇率、常用摘要等。

（2）参数设置：在各系统应用之前，企业同样需要进行系统参数设置，企业可根据具体的情况进行参数设置与分配。

2.本业务流程简述

（1）期初余额录入：总账系统第一项工作就是将手工账中各账户的累计发生额和期初余额录入系统，并选择币种。对于有辅助核算的科目需要按照辅助项录入期初，同时可以对期初数据检测试算平衡。

（2）凭证管理：凭证管理是整个总账系统中最主要、最常用的部分，主要包括填制或修改凭证、凭证的审核与记账、凭证查询等。凭证管理除了可完成总账系统本身的业务，还可查询、处理通过财务会计平台生成和传递来的外系统凭证。

（3）账簿查询：账簿是对企业的全部经济业务，按照规定的会计科目进行分类登记的信息载体，它能够全面地反映企业的经济活动情况，并为填制会计报表提供资料。总账中的科目账簿包括科目余额表、辅助余额表、三栏总账、三栏明细账、多栏账、日记账、日报表、科目汇总表、摘要汇总表和序时账，支持跨期间、跨年度查询，并且可实现科目多级次查询和多币种查询。

（4）期末处理：分为试算平衡、月末结转、结账三个功能节点。

3.本流程所需资料

（1）各会计科目及发生额、余额。

（2）发生业务时所接收的原始单据。

总账业务流程详见图2-6。

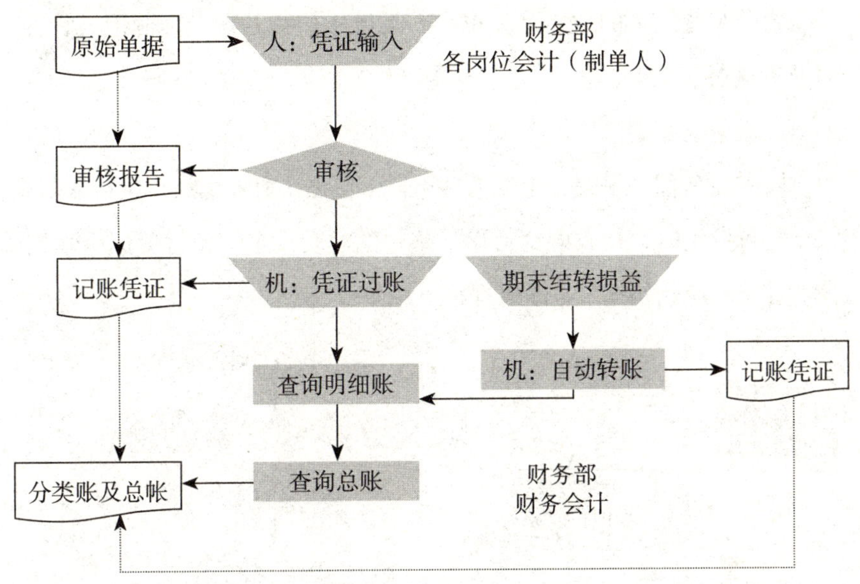

图2-6　总账业务流程

（三）应收账款（应收票据）业务流程

应收账款业务包括企业发生的与销售业务有关的应收账款、应收票据业务。预收账款业务也放在本系统中进行处理。

1.本流程简述

（1）录入本系统初始资料，包括客户编码、名称、业务简述、业务金额、发生时间等，本编码必须与销售系统中的编码信息保持一致，并且添加、修改与删除时需与销售部门取得联系。

（2）当旅游企业发生了应收账款或应收票据业务时，系统会自动接收从销售部门传递来的凭单，从而生成记账凭证，记账凭证在经过审核后自动记入明细账和总账。同时，根据系统设置，可以提供销售发票和增值税专用发票打印业务。

（3）根据明细账的资料，财务人员可以进行应收账款与应收票据的查询与打印。

（4）根据应收账款的详细资料提供应收账款的账龄分析，根据需要生成应收账款账龄分析表与应收账款催收单。

（5）当收到应收款项时，需根据相同的业务号码冲销已付账款。

（6）旅游企业发生的预收账款也在本系统中进行处理，金额记入贷方，但是需对业务进行说明。

2.本流程所需资料

（1）供应商名称、编码，上期应收账款（票据）期末余额、预付账款余额。

（2）业务发生时，接收的销售单、垫付的运费发票、预付单据、收款单。

应收账款（应收票据）业务流程详见图2-7。

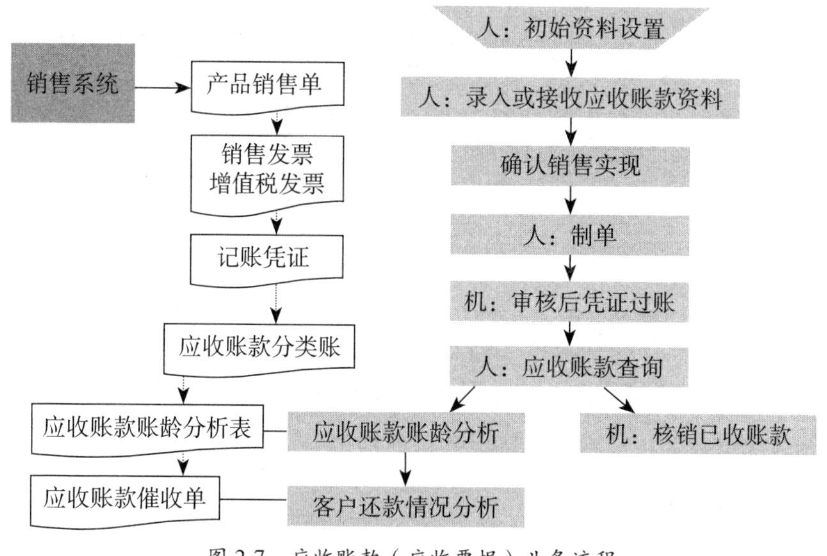

图 2-7　应收账款（应收票据）业务流程

（四）应付账款（应付票据）业务流程

应付账款业务包括旅游企业与外界发生的与采购有关的应付账款与应付票据业务。

1.本流程简述

（1）录入本子系统初始资料，包括供应商名称、编码、应付金额、发生时间及上期应付账款期初余额、应付票据期初余额等。

（2）当发生应付账款或应收票据业务时，旅游企业会接收到系统传递来的采购单、验收单，根据这些单据系统会自动生成记账凭证，记账凭证经过审核后，自动记入明细账和总账。

（3）财务人员可以根据需要进行应付账款与应付票据的查询，并根据需要打印出应付账款与应付票据明细表。

（4）付款时，根据相同的业务号对已付账款进行冲销。

（5）预付账款也在此子系统进行处理，但是需要对其进行说明。

2.本流程所需资料

（1）供应商名称、编码，应付账款期初余额，应付账款种类，应付票据期初余额。

（2）业务发生时，接收的采购单、运费发票、验收单、扣税发票、预付款单据等。

应付账款（应付票据）业务流程详见图2-8。

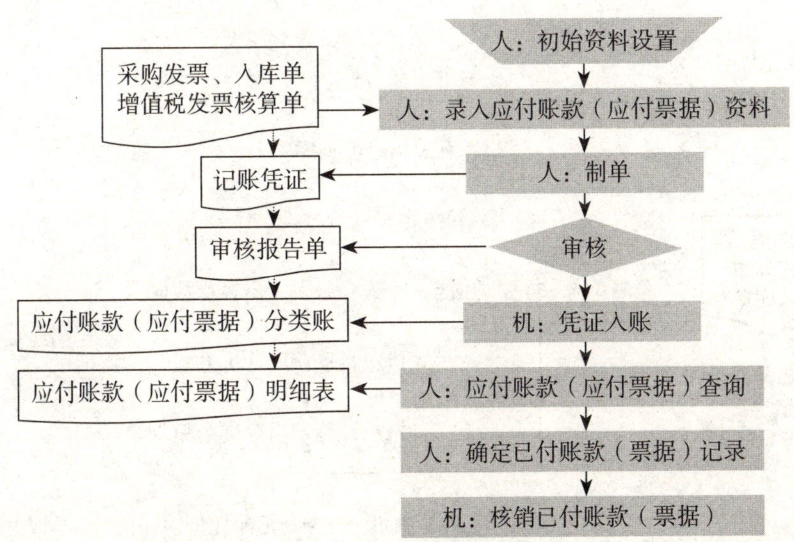

图2-8　应付账款（应付票据）业务流程

（五）存货管理业务流程

存货管理业务主要包括核算旅游企业所管理的存货数量与金额，与库存部门进行对账。

1.本流程简述

（1）财务人员首先需要编制存货分类、存货编号及名称、税率表、核算方式以及根据管理需要录入存货计价方式等资料。

（2）在存货增加时，存货的详细信息被记录到数据库中，并制单入账。

（3）当存货发出或减少时，根据系统给定的存货计价方式，系统自动计算出存货发出的金额，财务人员根据这一结果制单并入账。

（4）根据企业的需要，对相应的存货详细信息进行查询。

（5）月末根据需要就各类存货与库存部门对账。

2.本流程所需资料

（1）存货分类、名称、编码、税率、核算方式、存放地点等基础资料，以及各种存货的期初余额和数量。

（2）业务发生时，所接收的凭单，如入库单、验收单、出库单等。

存货管理业务流程如图2-9所示。

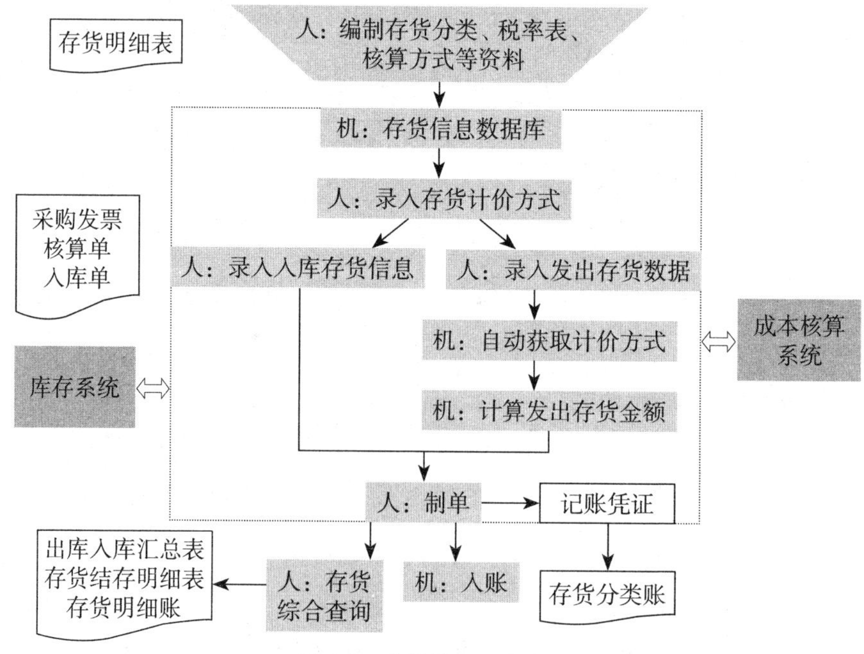

图 2-9　存货管理业务流程

（六）固定资产管理业务流程

固定资产管理系统根据旅游企业的固定资产种类设置明细账，分别核算企业固定资产增加、减少、盘亏、报废及折旧的计提业务。

1.本业务流程简述

（1）原始卡片录入：将企业原有的固定资产卡片进行录入，在录入的过程中应该将原始卡片录入与新增固定资产卡片录入相分离，原始卡片录入在原始卡片录入功能中进行处理，新增固定资产卡片录入在新增固定资产卡片录入功能中进行处理。

（2）资产增加、减少与变动处理：固定资产增加、减少与变动时，将资料录入系统当中，以此来制单、计提折旧、减少期末余额及更改变动资料。

（3）日常的账务处理：包括计提折旧、月末结账。根据输入的折旧方法计提折旧，可在结账前进行多次计提折旧，并可以对以前折旧清单进行查询及对本期进行修改；月末结账后，如果出现错误操作，并且参数设置允许进行反结账，则可以进行反结账修改。

（4）账簿管理：本流程可以记录固定资产总账、明细账、折旧计算明细表、部门折旧汇总表、价值汇总表、减值准备汇总表、增减变动表、统计分析表、逾龄资产统计表。

2.本流程所需资料

原有固定资产卡片（包括资产类别、增减方式、使用状况、折旧方法等），固定资产采购单、变动单、销售单、盘亏单、毁损单及其他会引起固定资产变化的单据。

固定资产管理业务流程如图2-10所示。

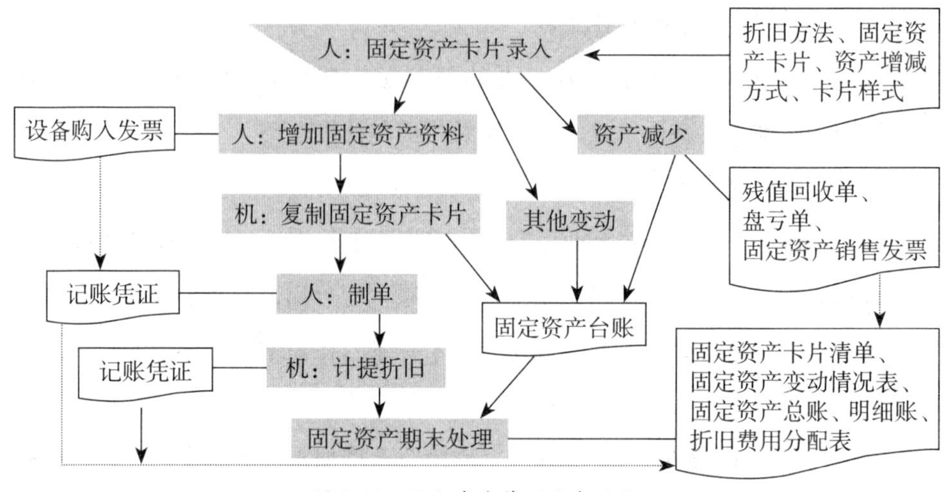

图 2-10　固定资产管理业务流程

（七）报表处理业务流程

首先安装数据库服务器，试运行后登录报表系统。制定旅游企业财务所需要的指标类型和计量单位，接下来设置报表类型与报表格式，选择报表与指标，进行数据传递，最后生成财务报表。

1.本流程简述

（1）安装数据库服务器，试运行后登录报表系统。

（2）设置报表系统参数：包括四舍五入的舍位平衡时差值分配方式，账务系统单位编码对应单位结构的名称、合并方式等，这些内容需要财务人员在编制报表时设置参数。

（3）设置报表目录：系统中的报表目录相当于文件夹，它可以保存系统中的报表。可以按创建者设置目录，也可以按照单位来设置目录，还可以按照任务来设置目录。新建目录后，可以根据需要进行修改和删除。

（4）报表管理：在报表目录下新建需要的报表，输入报表名称、编码、指标目录编码及说明等信息，可以根据需要对报表进行修改和删除，并进行查看。

（5）报表制作：设置报表格式，提取指标，建立报表单元与指标的对应关系，确定集中式数据源取数公式，实现报表录入时从业务系统取数，取数完成后，可以自定义查询并打印。

2.本流程所需资料

需报送的报表类型与名称、特殊说明、特殊变动情况书。

报表处理业务流程如图2-11所示。

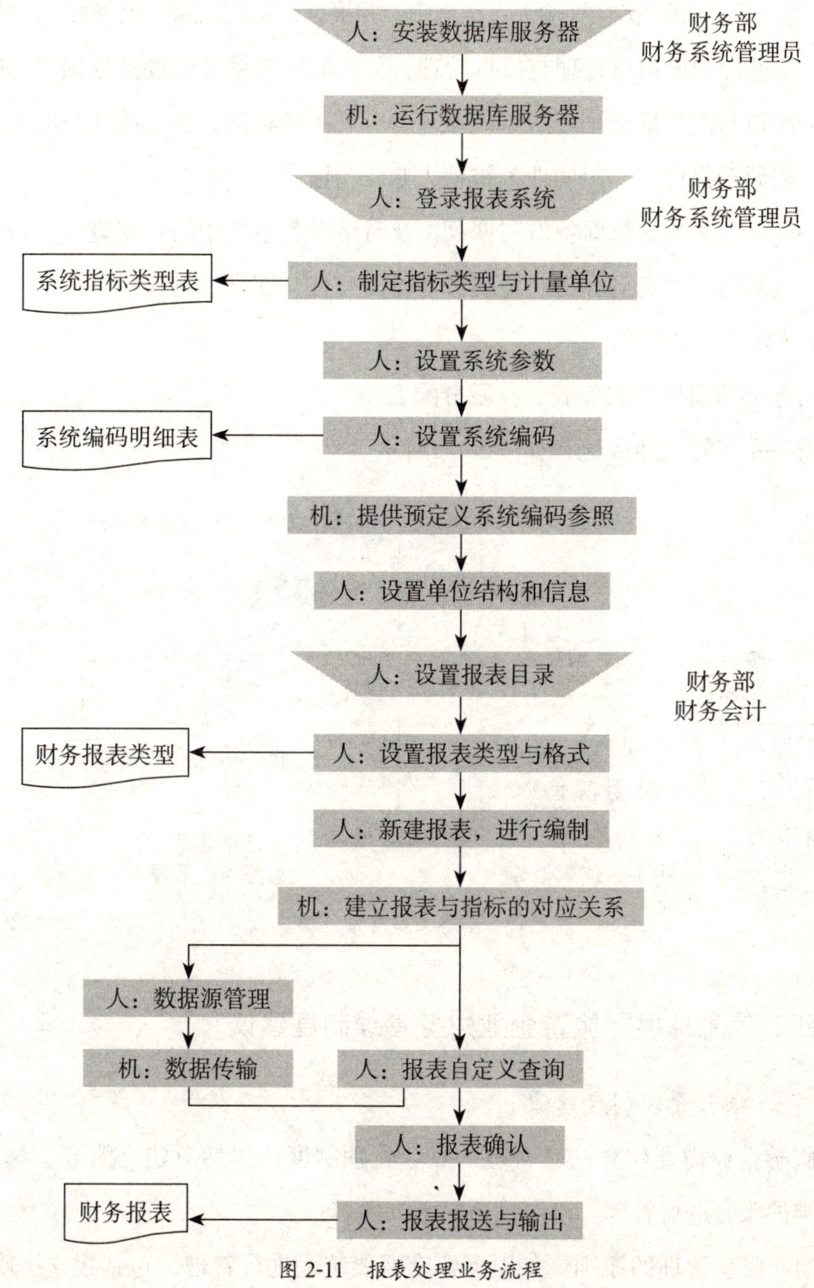

图2-11　报表处理业务流程

（八）财务系统管理业务流程

1.本流程简介

（1）进行财务系统维护与建立基础数据库，主要是将部门信息、产品信息、物料信息、往来单位信息等输入系统当中，并根据企业的实际变化进行及时修改。

（2）进行系统用户管理与授权管理，公司的财务系统管理员根据公司财务部门的岗位与岗位职能来设置系统账户并分配系统权限，各系统账户的人员要对账户密码严格保密，以防业务被他人修改与盗窃。

（3）进行系统的数据备份与恢复，及时将财务系统中的数据进行备份，并设置恢复功能，以起到保护企业财务数据完整性与安全性的作用。

2.本流程所需资料

财务部门岗位及职能表、权限分配表。

财务系统管理业务流程如图2-12所示。

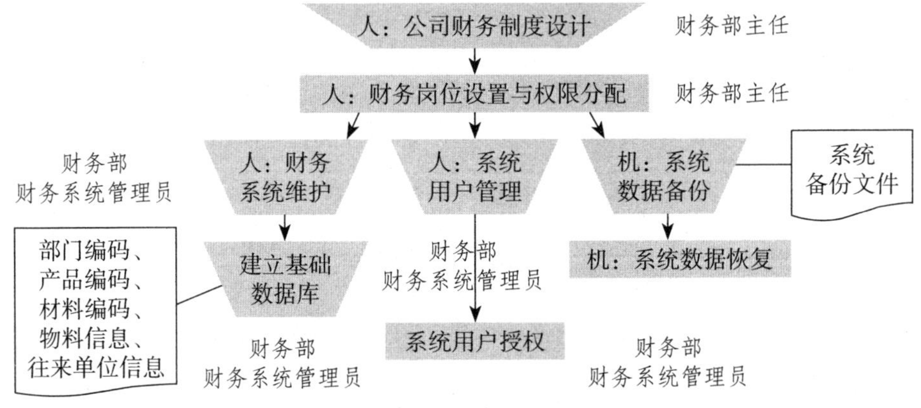

图 2-12　财务系统管理业务流程

四、信息环境下旅游企业财务管理制度建议

（一）账套管理制度建议

旅游企业需要建立一套合理的账套管理制度，包括对建立账套、修改账套和维护账套进行管理。该制度包括下列内容：

（1）账套管理的原则，如财务账套需要统一进行管理，包括建立、修改、引入和输出等操作。

（2）账套管理的流程，包括新用户的操作流程及老用户的操作流程。

（3）用户权限分配和管理规则，包括公司需要设置用户的种类、各类用户权限的划分规则等。例如，只有系统管理员才能新建账套、修改账套、新建年度账，其他用户没有该权限。

（4）系统参数的设置原则与修改原则。

（二）日常账务处理制度建议

旅游企业需要建立一套账务处理制度，该制度需要包括以下内容：

（1）对期初余额的规定，包括期初余额的调整原则和调整方法。

（2）对日常账务流程的规定，包括填制原始凭证、填制记账凭证、凭证审核及过账整个过程的流转规定。

（3）对出纳签字凭证的规定。由于出纳凭证涉及企业现金的收入与支出，因此对于涉及现金、银行存款、其他现金等价物科目的凭证需要出纳进行检查核对，即进行出纳签字。

（4）对凭证作废与删除的规定。已经审核、记账、出纳签字以及外部系统生成的凭证不能作废、删除；如果公司将总账参数设置为“只能允许本人删改凭证”，则不能修改、作废或删除其他操作人员填制的凭证。

（5）对结账业务的规定，包括结账程序、结账方式、是否允许上年未结账而本年记账等等。

（6）对反结账的规定。如果用户因为失误而执行了结账功能，则可以通过反结账功能进行反结账（参数设置中允许进行反结账），从而使系统恢复到原来的状态。

（7）对其他系统与总账系统结账顺序的规定。

①如果同时使用了采购系统、销售系统和应收应付系统，则只有在供销链产品执行完结转上年数据后，才能执行应收应付系统的结转工作；如果只使用了应收应付系统，而没有使用采购系统、销售系统，则可以根据需要直接执行应收应付系统的结转工作。

②如果在使用成本管理系统时，使用了工资系统、固定资产系统、存货核算系统，那么只有在这些系统执行完结转工作后，才能执行成本管理系统的结转工作；否则可以根据需要直接执行成本管理系统的结转工作。

③如果在使用总账系统时，使用了固定资产系统、存货核算系统、应收应付系统、资金管理系统、成本管理系统，那么只有在这些系统执行完结转工作后，才能执行总账系统的结转工作；否则可以根据需要直接执行总账系统的结转工作。

（三）其他专项业务制度建议

企业需要建立一些其他专项业务的制度，包括：

1.制单入账功能系统的选择

当发生应收应付业务、存货业务、固定资产业务等时，企业必须规范财务人员是在各子系统中直接制单入账，还是将全部制单业务都放在总账系统中处理。建议企业在应收子系统、应付子系统、存货子系统和固定资产子系统中进行相应业务的制单入账，除了上述业务以外的在总账子系统中进行制单入账。

2.应收应付业务处理方法

在应收应付业务中，企业可以直接接收从销售系统、采购系统中传递过来的单据，也可以在本系统中直接输入相应的信息，并制单入账。

3.应收款项实际业务操作规则

应收款项包括应收账款、应收票据、预付款项。图2-13是我们推荐的流程规则。

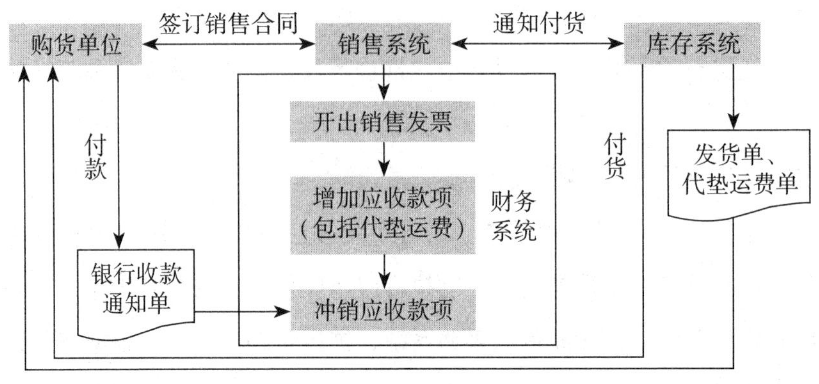

图 2-13　应收款项实际业务操作规则

4.应付款项实际业务操作规则

应付款项包括应付账款、应付票据、预收款项。图2-14是我们推荐的流程规则。

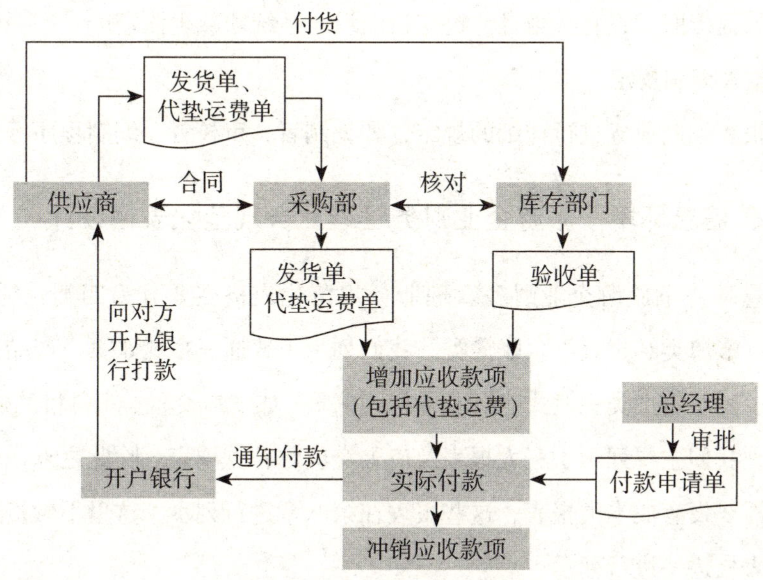

图2-14　应付款项实际业务操作规则

5.存货处理规定

存货系统的编码系统需要与库存部门一致。发货方法需要根据企业实际情况而定，确定之后不得随意更改，只有在一个会计期间结束以后才能更改。如果遇到特殊情况必须更改，则需要报经上级领导部门批准，并报送税务机关备案。

6.固定资产规定

（1）原始卡片录入与新增固定资产卡片录入的规定：在录入的过程中应该将原始卡片录入与新增固定资产卡片录入相分离，原始卡片录入在原始卡片录入功能中进行处理，新增卡片录入在新增卡片录入功能中进行处理。这涉及录入当月是否计提折旧、是否制单等计算机工作，所以必须对两者进行严格区分。如果企业原始卡片较多，当月无法完成原始卡片录入工作，则系统允许用户在其他月份继续录入原始卡片。但须注意的是，在录入原始卡片时，原值、累计折旧、累计工作量录入的一定是卡片录入月月初的价值，否则会出现计算错误。

（2）固定资产减少的规定：减少的固定资产当月仍然要计提折旧，从下月开始不计提折旧，只有在当月计提完折旧后，系统才减少该资产。

7.报表编制规定

对报表编制业务进行详细的规定，如编制者、审核者、编制程序等。

五、信息环境下旅游企业财务管理业务规范化表格设计

信息环境下旅游企业财务管理业务规范化表格主要分为四类：凭证类、单据类、账簿类和报表类。账簿类，我们列示了普通三栏式账页、产品类三栏式账页、固定资产类三栏式账页及多栏式账页（如“应交税金”科目的账页）；报表类，我们主要列示了三大报表及应上交应弥补款项表。除此之外，公司根据管理需要设有成本类报表，这些报表在第八章进行列示，这里不做赘述。现将上述表格逐一进行列示。

（一）收款凭证

收　款　凭　证

现金收讫印　　总字第________号

XX 旅游有限公司　　年　　月　　日　　收字第________号

摘要	借　方		贷　　方			金　　额									
	一级科目	记账	一级科目	二级科目	记账	千	百	十	万	千	百	十	元	角	分
共计人民币（大写）						缴款人　　印									

附件　　张

会计主管　　　复 核　　　出　纳　　　制　票

（二）付款凭证

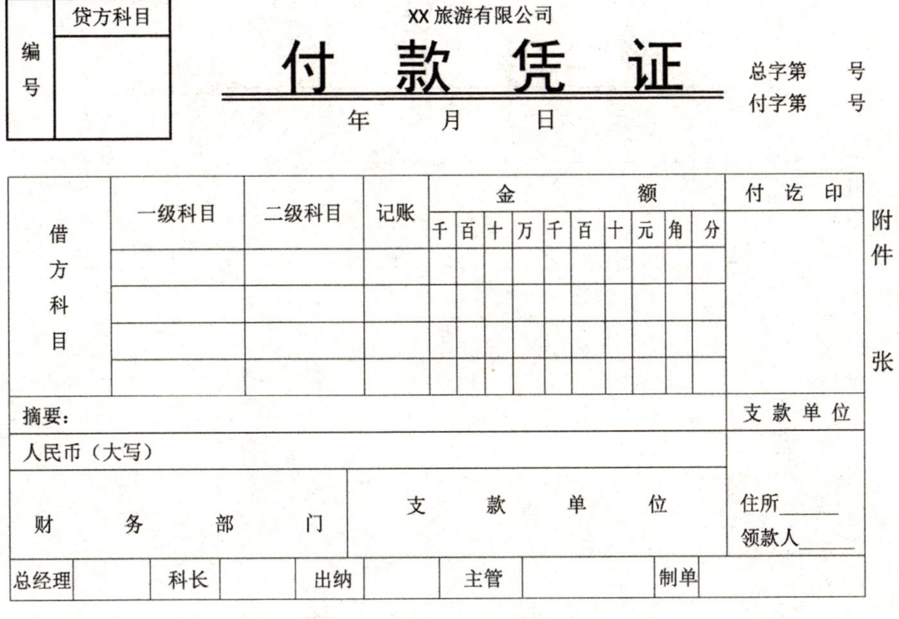

编号	贷方科目

XX旅游有限公司

付　款　凭　证

年　　月　　日

总字第　　号

付字第　　号

借方科目	一级科目	二级科目	记账	金额										付讫印
				千	百	十	万	千	百	十	元	角	分	
摘要：														支款单位
人民币（大写）														住所______ 领款人______
财务部门			支款单位											

附件　　张

总经理		科长		出纳		主管		制单	

（三）转账凭证

XX旅游有限公司

转　账　凭　证

年　　月　　日　　　　　　　　　　总字第　　　　号

摘　要	借方科目			贷方科目			金额									
	一级科目	二级科目	记账	一级科目	二级科目	记账	千	百	十	万	千	百	十	元	角	分

附件　　张

审　核　　　　　　验　收　　　　　　制　单

（四）费用报销单

XX旅游有限公司

费　用　报　销　单

年　　月　　日

部门：＿＿＿＿＿＿＿＿＿＿＿＿＿＿＿＿＿＿＿＿

附件　　　张

事　由：＿＿＿＿＿＿＿＿＿＿＿＿＿＿＿＿＿＿＿＿

人民币（大写）：＿＿＿＿＿＿＿＿＿＿＿＿＿＿＿＿　￥＿＿＿＿＿＿

总经理　　财务负责人　　会计　　部门负责人　　经手人

（五）借据

借　　据

年　　月　　日

人民币（大写）＿＿＿＿＿＿＿＿＿＿＿＿＿＿＿＿　￥＿＿＿＿＿＿

事　由：

总经理　　财务科长　　出纳员　　借款人

（六）付款申请单

付 款 申 请 单

年　　月　　日

收款单位：							
事　由：							
金额（大写）：				¥____________			
总经理审批		财务审核		部门负责人		经　办　人	

注：1. 预付款项须在事由详细说明合同名称、合同编号、付款比例。

2. 收款经手人应出具委托收款书、收款收据。

（七）差旅费报销单

XX 旅游有限公司

差 旅 费 报 销 单

年　　月　　日

部门		姓名		职务职称			出差事由									
起止日期	起止地点	火车飞机轮船	卧铺	汽油	过道费	长途汽车	市内交通费	住宿费	宿费补助	未座卧铺补助	伙食补助	电话费	购票手续费	寄存费	其他	合计
报销总额（大写）																
总经理		财务负责人		会计		部门负责人		出差人								

附件　　张

（八）产成品明细账

产成品明细账

产品编号　　　　　　　　　　　　　　　　　　　　账页号

产品名称

规格　　　　　　　　　　等级　　　　　　　　　　计量单位

年		记账凭单号数	摘要	借（入库）方						贷（出库）方						结存					
				数量	单位生产成本	总成本				数量	单位成本	总成本				数量	平均单位成本	总成本			
月	日					亿	元	角	分			亿	元	角	分			亿	元	角	分

（九）×××科目明细账

XXX 明细账

会计科目或户名：　　　　　　　　　　　　　　　　账页号

年		记账凭证号数	摘要	借（收）方												贷（付）方												核对号	借或贷	余额											
月	日			十	亿	千	百	十	万	千	百	十	元	角	分	十	亿	千	百	十	万	千	百	十	元	角	分			十	亿	千	百	十	万	千	百	十	元	角	分

（十）固定资产明细账

固定资产明细账

账页号

财产分类＿＿＿＿＿＿　编号＿＿＿＿　财产名称＿＿＿＿＿　编号＿＿＿＿　财产计算单位＿＿＿＿＿

年		顺序号	财产编号	摘要	单价							借（收）方											贷（付）方											核对号	借或贷	余额										
月	日				万	千	百	十	元	角	分	数量	千	百	十	万	千	百	十	元	角	分	数量	千	百	十	万	千	百	十	元	角	分			数量	千	百	十	万	千	百	十	元	角	分

（十一）应缴纳税费（增值税）明细账

应缴纳税费（增值税）明细账

账页号

年		凭证编号		摘要	借方															贷方															借或贷	余额		
					合计			进项税额			已交税金									合计			销项税额			出口税额			进项税额转出									
月	日	种类	号码		……	角	分	……	角	分	……	角	分	……	角	分	……	角	分	……	角	分	……	角	分	……	角	分	……	角	分	……	角	分		……	角	分

（十二）×××总账

XXX 总账

会计科目或户名：　　账页号

年		记账凭证号数	摘要	借（收）方												贷（付）方												核对号	借或贷	余额											
月	日			十	亿	千	百	十	万	千	百	十	元	角	分	十	亿	千	百	十	万	千	百	十	元	角	分			十	亿	千	百	十	万	千	百	十	元	角	分

（十三）资产负债表

资产负债表

编制单位：　　　　年　月　日　　　　单位：元

项目	行次	年初数	期末数	项目	行次	年初数	期末数
货币资金				短期借款			
应收票据				应付账款			
应收账款				预付账款			
减：坏账准备				应付工资			

（续表）

项目	行次	年初数	期末数	项目	行次	年初数	期末数
应收账款净值				应付福利费			
其他应收款（一）				未交税金			
其他应收款（二）内部往来				其他应交款			
预付账款				其他应付款（一）			
应收补贴款				其他应付款（二）内部往来			
存货				预提费用			
其中：原材料				流动负债合计			
产成品				长期借款			
待摊费用				负债合计			
待处理流动资产损失				实收资本			
流动资产合计				国家资本			
固定资产原价				外商资本			
减：累计折旧				资本公积			
固定资产净值				盈余公积			
工程物资				其中：法定盈余公积			
在建工程				公益金			
固定资产合计				本年利润			
递延资产				未分配利润			
其中：开办费				所有者权益合计			
资产合计				负债、所有者权益合计			

（十四）利润及利润分配表

利润及利润分配表

编制单位：　　　　　　　　年　　月　　　　　　　　单位：

项目	月计		累计	
	计划	实际	计划	实际
一、主营业务收入				
二、主营业务成本				
三、主营业务税金及附加				
四、营业费用				
五、主营业务利润				

（续表）

项目	月计		累计	
	计划	实际	计划	实际
六、管理费用				
七、财务费用				
八、其他业务收入				
九、其他业务支出				
十、营业外支出				
十一、利润总额				
十二、所得税				
十三、净利润				
加：年初未分配利润				
十四、当年可供分配利润				
减：提取盈余公积				
其中：提取法定盈余公积				
其中：提取公益金				
十五、未分配利润				

（十五）现金流量表

现金流量表

编制单位：　　　　　　　　年度：　　　　　　　　单位：

项目	行次	金额
一、经营活动产生的现金流量		
销售商品提供劳务产生的现金		
收到的税费返还		
收到的其他与经营活动有关的现金		
现金流入量小计		
购买商品、接收劳务支付的现金		
支付给职工以及为职工支付的现金		
支付的各项税费		
支付的其他与经营活动有关的现金		
现金留出量小计		
经营活动产生的现金流量净额		
二、投资活动产生的现金流量净额		
收回投资所收到的现金		
收到的其他与投资活动相关的现金		
现金流入小计		
构建固定资产、无形资产和其他长期资产所支付的现金		

（续表）

项目	行次	金额
投资所支付的现金		
支付的其他与投资活动有关的现金		
现金流出小计		
三、筹资活动产生的现金流量		
吸收投资所收到的现金		
借款所收到的现金		
收到的其他与筹资活动有关的现金		
现金流入小计		
偿还债务所支付的现金		
分配股利、利润和偿付利息所支付的现金		
支付的其他与筹资活动有关的现金		
现金流出小计		
四、汇率变动对现金的影响		
五、现金及现金等价物净增加额		
补充资料		
1.将净利润调节为经营活动现金流量		
净利润		
加：计提的资产减值准备		
固定资产折旧		
无形资产摊销		
长期待摊费用摊销		
待摊费用减少（减：增加）		
预提费用增加（减：减少）		
处置固定资产、无形资产和其他长期资产的损失（减：收益）		
固定资产报废损失		
财务费用		
投资损失（减：收益）		
递延税款贷项（减：借项）		
存货的减少（减：增加）		
经营性应收项目的减少（减：增加）		
经营性应付项目的增加（减：减少）		
其他		
经营性活动产生的现金流量净额		
2. 涉及现金收支的投资和筹资活动		
债务转为资本		
一年内到期的可转换公司债券		
融资租入固定资产		

（续表）

项目	行次	金额
其他		
3. 现金及现金等价物净增加情况		
现金的期末余额		
减：现金的期初余额		
加：现金等价物的期末余额		
减：现金等价物的期初余额		
现金及现金等价物净增加额		
其他		

（十六）应上交应弥补款项表

应上交应弥补款项表

编制单位：　　　　　　年度：　　　　　　单位：

项目	实际		项目	实际	
	月计	累计		月计	累计
一、增值税			六、土地使用税		
年初未交数			年初未交数		
本年应交数			本年应交数		
本年已交数			本年已交数		
年末未交数			年末未交数		
二、城建税			七、房产税		
年初未交数			年初未交数		
本年应交数			本年应交数		
本年已交数			本年已交数		
年末未交数			年末未交数		
三、教育费附加			八、车船使用税		
年初未交数			年初未交数		
本年应交数			本年应交数		
本年已交数			本年已交数		
年末未交数			年末未交数		
四、所得税			补充资料：		
年初未交数			增值税		
本年应交数			期初未交增值税		
本年已交数			销项税额		
年末未交数			进项税额转出		
五、印花税			进项税额		
年初未交数			已交税金		

（续表）

项目	实际		项目	实际	
	月计	累计		月计	累计
本年应交数			期末未交		
本年已交数					
年末未交数					

第三章
财务管理制度中投融资环节流程设计

第一节　旅游企业投资管理流程设计

一、旅游企业投资管理概述

（一）旅游企业投资的概念和特点

1.旅游企业投资的概念

旅游企业投资分为对内投资和对外投资。对外投资是指旅游企业为了增加财富、分散风险，加强旅游企业间联合、控制或影响而对资产进行的对外分配，比如购买股票、购买债券、购买基金或者与其他旅游企业或单位联合创办联营旅游企业或者子公司；对内投资主要是指旅游企业通过内部购买固定资产、无形资产等形式来扩大旅游企业规模或者扩大再生产。

2.旅游企业投资的特点

（1）投资对象复杂多样

旅游企业的对外投资主要涉及对外的直接投资和对外的间接投资。对外的直接投资是指旅游企业将资金直接投放到某一企业，在投资过程中参与被投资企业的经营管理活动以获取利润、分散风险，主要有对外合作投资、对外合资投资、对外合并投资等几种具体形式。对外的间接投资又称为证券投资，是指旅游企业通过购买各种有价证券获取收益的财务活动，具体的投资形式有购买国债，购买某公司的股票、有价证券或者短期的融资券等。旅游企业对内的投资包括了旅游企业的固定资产投资、无形资产投资，通过旅游企业的内部投资实现旅游企业规模扩张、扩大再生产。旅游企业无论是对内的投资还是对外的投资，对象都十分广泛，有国内的企业还有国外的企业，有制造业还有商品流通业，对外的投资形式多种多样，有国库券、旅游企业债券、股票等多种投资证券。投资对象多种多样，且具有复杂性，在为旅游企业提供了多种投资机会和选择的同时，也加大了旅游企业的投资决策难度。

（2）投资回收期长短不一

旅游企业的对外投资有长期的，也有短期的。旅游企业的对外长期投资是指旅游企业对外的回收期超过一年的投资，时间上有的是几年，有的是十几年或者更长，例如长期股票投资、合资投资等。旅游企业对外投资回收期长短不一，使得旅游企业的投资管理难度加大，因此，旅游企业在对外进行投资时必须事先分析、安排好长期投资和短期投资的比例，才能避免影响旅游企业内部的正常经营和运行。

（3）投资的变现能力强弱不一

旅游企业的对外投资，有的变现能力强一些，例如旅游企业购买的国债、购买的旅游企业股票等；有的投资变现能力较差，需要的变现时间较长，例如对外的合资投资必须依照合同等到投资结束才能回收。投资的这种特点要求旅游企业在进行投资管理时要合理安排具有不同变现能力的投资，使旅游企业的投资既能获取更多的收益又不影响旅游企业正常的经营活动，而且能降低旅游企业的偿债风险，因此投资组合问题是投资管理过程中必须认真研究的问题。

（4）投资有风险

对于所有企业而言，投资都会伴随风险，投资的收益越高面临的风险也就越大。一般情况下，旅游企业对内的投资风险要小于对外的投资，这是因为旅游企业对自身的情况比较熟悉，掌握的信息也比较真实全面，因此风险较小；旅游企业对外的投资则不同，旅游企业对外部信息的掌控能力比较弱，外部的不确定因素比较多，因此旅游企业对外的投资面临的风险比较大。不同的投资项目投资风险不同，收益也会不同，旅游企业投资管理需要合理搭配不同的投资形式，尽量做到投资收益最大化、投资风险最小化。

（二）旅游企业投资的意义

1.投资是旅游企业获得利润的前提

任何旅游企业进行投资的目的都是通过投资获取更多的利润，无论是对外的投资还是对内的投资，只有投入一定量的资本，通过经营管理才能获取与之相应的收益。

2.投资是旅游企业生存和发展的必要手段

旅游企业在市场中生存依赖于其对内和对外的投资，在发展过程中壮大也需要扩大再生产，没有投资就不会产生收益，没有收益就不会生存和发展。

二、旅游企业投资管理流程设计

旅游企业的投资活动流程分为投资计划流程、项目评审流程、风险项目投资决策流程、风险投资可行性分析流程、风险投资运作流程，每一个投资活动流程都需要按照流程步骤执行才能达到投资管理的目的。旅游企业的投资可以分为对外投资和对内投资。

（一）旅游企业对外投资管理流程

1.对外投资计划流程

对外投资计划流程如图3-1所示。

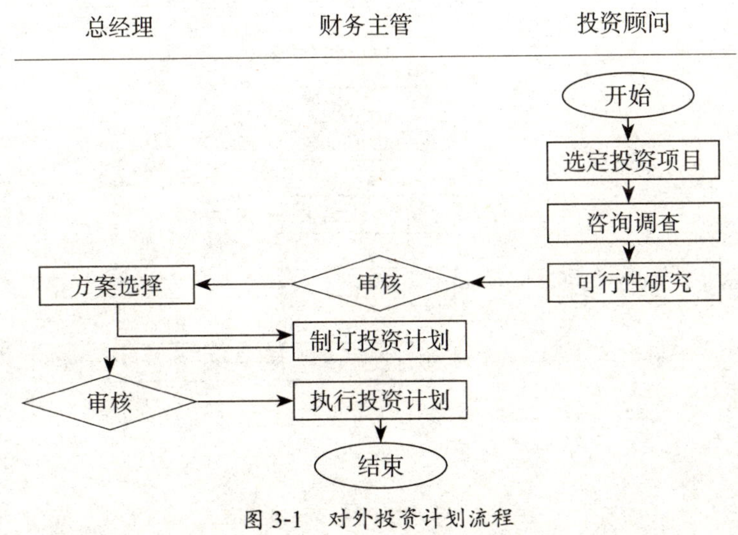

图3-1　对外投资计划流程

旅游企业在进行投资之前需要有专门的投资顾问对投资项目进行选定，选定投资项目之后需要对投资项目进行咨询和调查，通过咨询和调查投资项目拟出投资项目的可行性报告，对投资项目的可行性进行分析，包括对旅游企业的内部分析及对行业环境、市场竞争情况等外部环境的分析，确保投资项目在计划阶段的严谨性。可行性分析拟出后需要交给财务主管进行审核，审核无误后再交由总经理进行决策。总经理从所有方案中选择出适合旅游企业的方案，当投资方案确定后再交由财务部门进行投资计划的制定，投资顾问及财务部制订好投资计划后交由总经理审核，总经理审核后由财务部对投资计划进行具体执行，投资计划流程结束。

2.对外投资项目评审流程

旅游企业投资计划制订好后就进入了投资项目评审阶段，由投资顾问拟订投资项目计划，交由财务部门进行审核。在审核过程中，财务部门需要拟订审核计划，并依据拟订的审核计划对投资项目的价值进行审核，针对审核结果

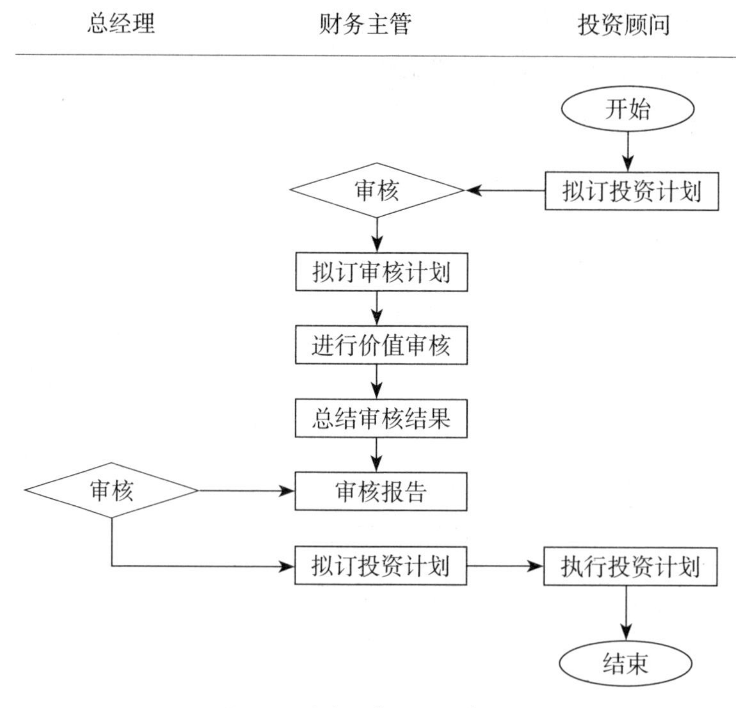

图 3-2　对外投资项目评审流程

进行总结，形成审核报告。审核报告需要交给总经理进行审核，接下来财务部门针对审核无误的投资项目拟订投资计划，并交给投资顾问执行。对外投资项目评审流程如图3-2所示。

3.对外风险项目投资决策流程

对于具有一定风险的投资项目要有专门的风险项目投资流程。风险项目投资由投资顾问拟订出投资计划，交给财务部门初步审核，然后进行初步评价、详细审查，最后确定投资方案并形成报告。风险投资项目投资报告形成后由总经理审核，审核无误的投资报告再一次交由财务部门拟定投资协议，协议由投资顾问进行监管。对外风险项目投资决策流程如图3-3所示。

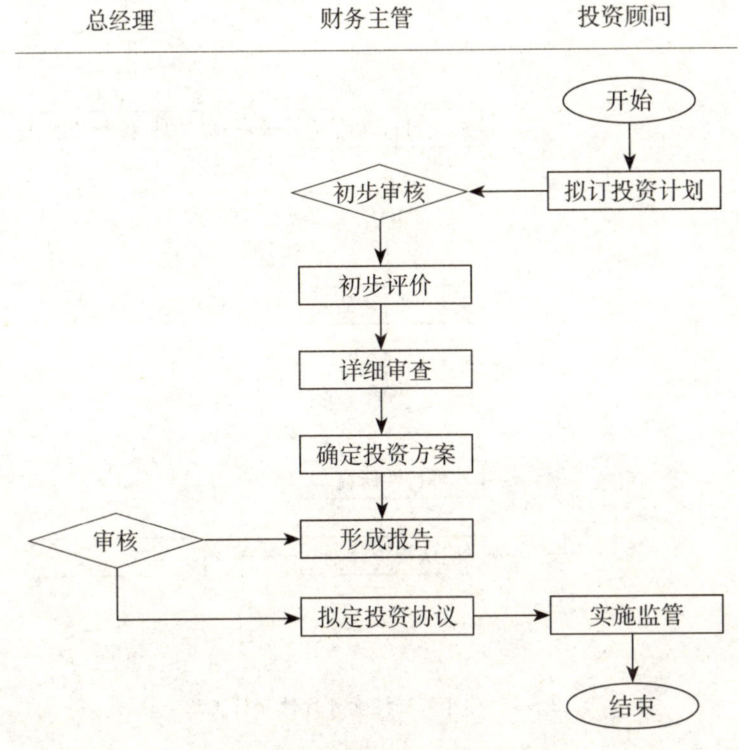

图3-3　对外风险项目投资决策流程

4.对外风险投资可行性分析流程

风险投资项目可行性分析是指在一个风险投资项目决策之前，对项目涉及的一些主要问题如市场需求、资源条件、建设规模、工艺设备等进行详细、周密、全面的调查研究和综合论证，从而为风险投资项目决策提供可靠的依据。可行性分析是风险投资的必要环节，通过对风险投资进行可行性分析可以有效排除投资的盲目性，避开风险，从而对旅游企业的资金实施保护。在对风险投资进行可行性分析时，由投资顾问拟订投资计划并交给财务部门进行机会可行性研究，审核后进行初步可行性研究，再对初步可行性研究进行审核，并对风险投资可行性进行评价，评价结果由总经理审核，最终由财务主管确定投资计划，由投资顾问实施监管。对外风险投资可行性分析流程如图3-4所示。

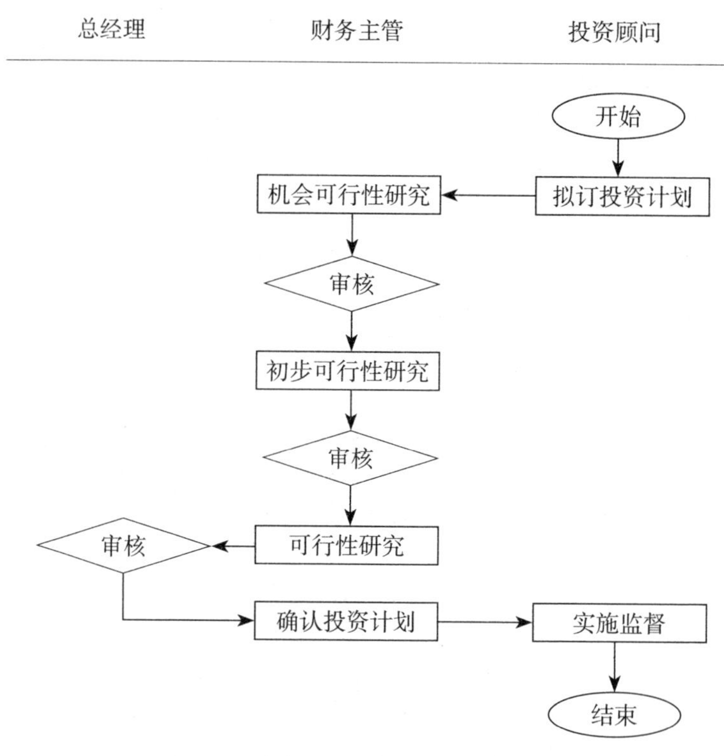

图 3-4　对外风险投资可行性分析流程

5.对外风险投资运作流程

首先由投资顾问设计投资基金，基金由财务主管初步审核，再交由总经理审核。总经理审核完后组建投资部门，由其负责具体的投资活动并对投资项目进行选择，由投资管理部门负责投资过程中的管理工作，在投资过程终结时退出投资。对外风险投资运作流程如图3-5所示。

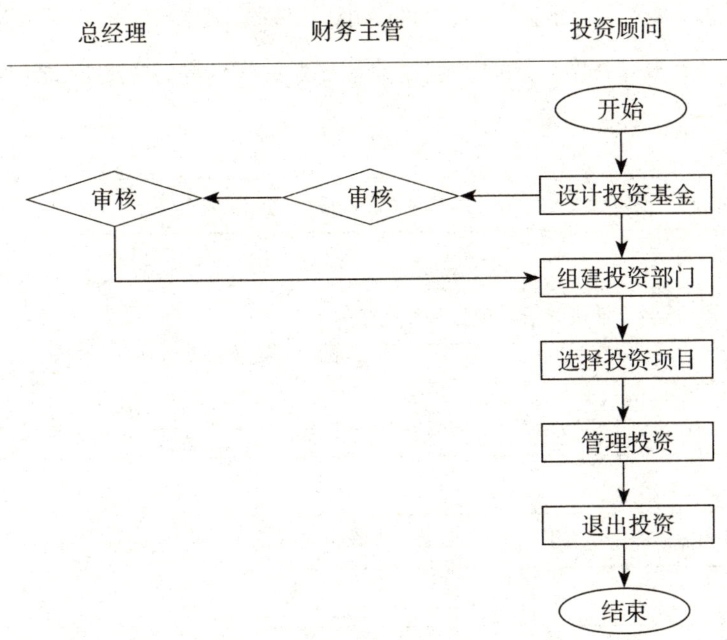

图3-5 对外风险投资运作流程

（二）旅游企业对内投资管理流程

旅游企业的投资决策，具体分为重点项目投资决策与一般项目投资决策。这种划分主要以投资项目的性质、规模大小、重要程度等为依据，企业要根据相关管理体制对不同的投资项目进行不同的管理。

1.重点项目投资管理流程

由有关部门提出拟投资的项目，交给企业决策层进行初步审议，然后由企业有关部门编制项目建议书或投资分析报告，组织旅游企业管理层及相关专家对项目进行评审，并依据评审报告对项目建议书或投资分析报告进行调整和修改，再次形成项目建议书或投资分析报告，再次进行管理层和专家评审。经过几轮评审和调整，旅游企业投资或规划主管部门选择可研报告编制单位，选定报告编制单位后由受托单位编制并提交报告，旅游企业投资或规划主管部门组织内外专家对可研报告进行评审，并根据评审结果调整报告，再次由旅游企业投资或规划主管部门组织内外专家对可研报告进行评审，直至调整完成。旅游企业决策层对可研报告进行讨论批准，批准后由旅游企业投资主管部门办理立项、下达工号手续，同时进入项目设计及预算编制流程，按照相关规定向政府主管部门上报并备案，同时办理用地、环保、建设等必需的相关手续。重点项目投资管理流程如图3-6所示。

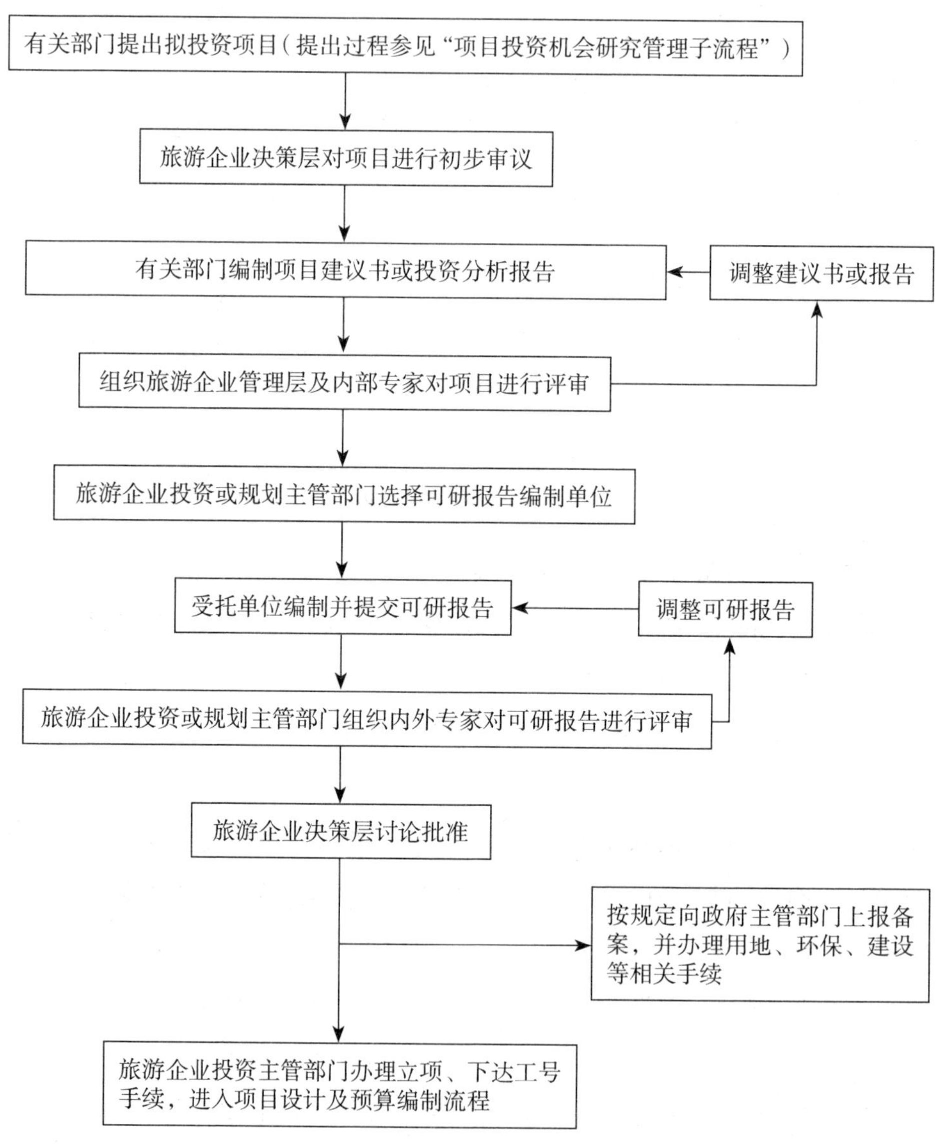

图3-6　重点项目投资管理流程

2.一般项目投资管理流程

由旅游企业有关部门提出拟投资项目，旅游企业投资主管部门组织相关部门内审或交由决策层直接审查，根据审查结果对项目进行调整。调整后的项目再一次由旅游企业主管部门组织相关部门内审或交由决策层直接审查，并再一次对项目进行调整。最终项目确定后，由旅游企业投资主管部门或规划部门委托有关部门编制项目设计与项目概算书，旅游企业投资主管部门组织旅游企业计划、财务、技术等部门对项目设计、概算书进行审查，审查后的项目设计及项目概算书交由旅游企业决策层或主管领导进行审批，审批通过后由旅游企业投资主管部门办理立项、下达工号手续。一般项目投资管理流程如图3-7所示。

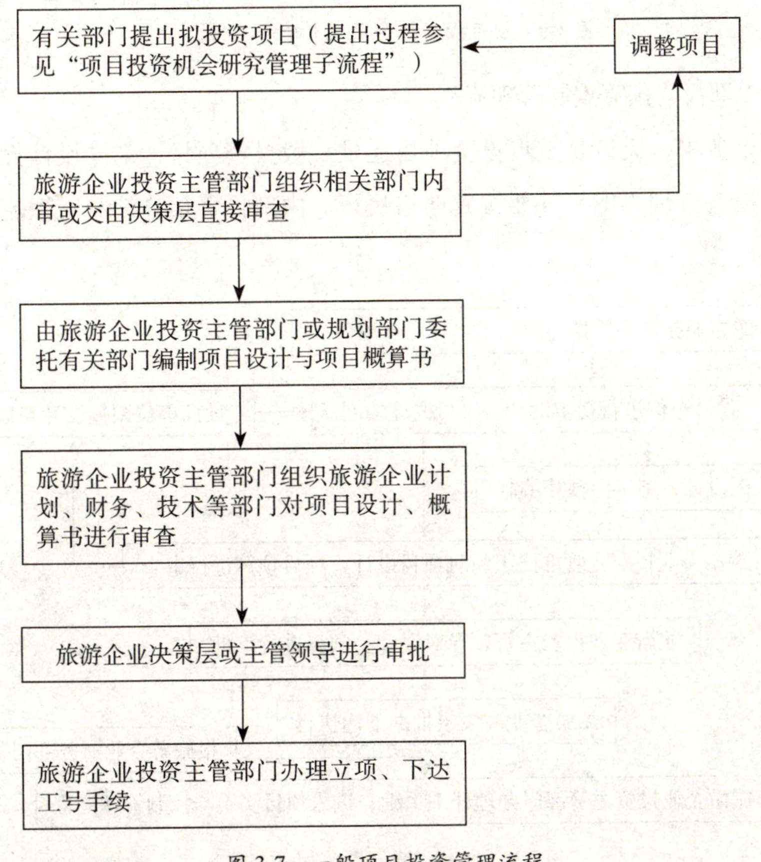

图3-7　一般项目投资管理流程

3.项目投资机会研究管理子流程（详见图3-8）

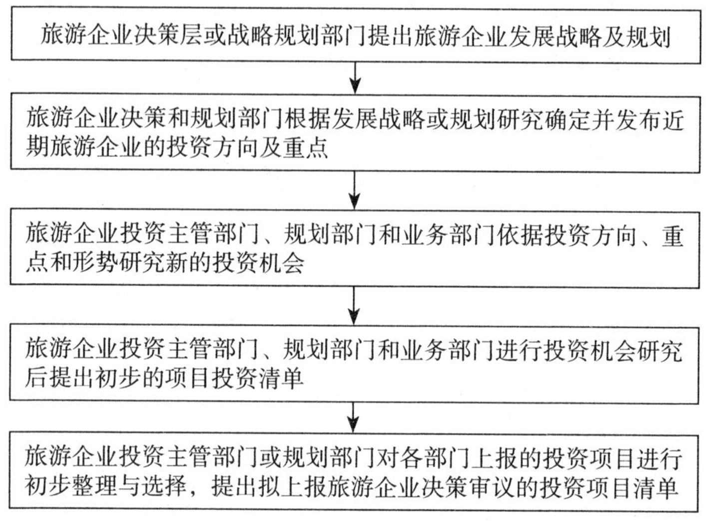

图 3-8　项目投资机会研究管理子流程

4.内部投资预算编制管理流程

在企业中，无论是重点投资项目还是一般投资项目，都要设计投资项目的预算编制管理方案，并要按其严格执行。内部投资预算编制管理流程如图3-9所示。

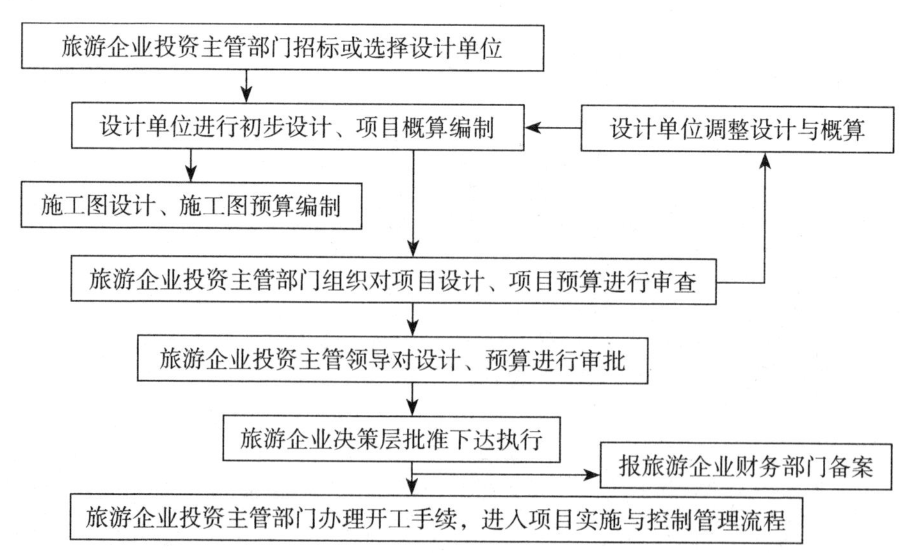

图 3-9　内部投资预算编制管理流程

5.投资具体实施过程管理流程

由企业投资主管部门负责组织企业内部及外部专家对投资项目进行评标，或由旅游企业管理层组成监察组对施工、开发、监理单位的资格进行审核调查，审查完成之后旅游企业投资主管部门与施工、开发、监理等单位签订合同，旅游企业投资主管部门根据预算、合同、实施进度等支付定金、工程款，同时报旅游企业财务部门备案。整个工程的进行过程由投资管理部门进行监督和管理，工程完工后由旅游企业投资主管部门、财务部门进行工程结算、决算，办理完工或竣工手续，同时旅游企业固定资产主管部门、财务部门办理固定资产结转手续。投资具体实施过程管理流程如图3-10所示。

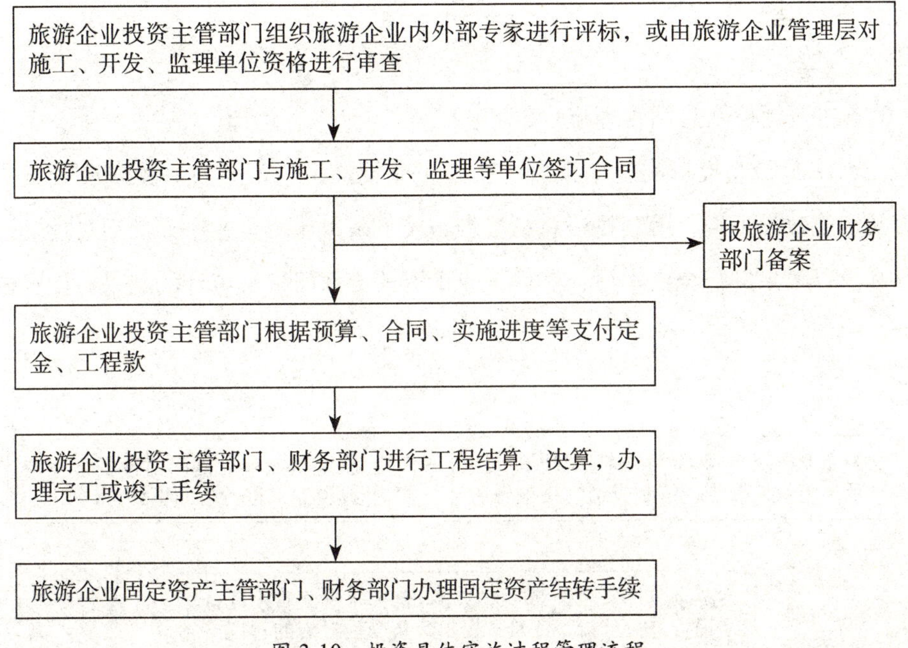

图3-10　投资具体实施过程管理流程

6.设备购置投资管理流程

首先由旅游企业设备主管部门或投资主管部门提出供货单位备选名单，然后进行设备采购招投标，或由旅游企业设备主管部门制定设备供货单位，旅游企业主管领导或决策层对供货单位的资质进行最终审定，报旅游企业财务部门备案。设备购置投资管理流程如图3-11所示。

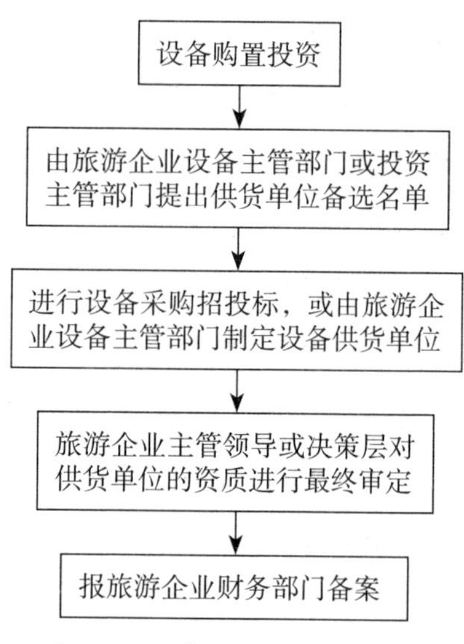

图 3-11　设备购置投资管理流程

7.投资评价及总结管理流程

当旅游企业投资实施结束后，旅游企业投资主管部门整理投资决策、决算及实施效果报告，编制投资总结报告，接下来由旅游企业审计部门对投资过程和投资效果进行全面审计，然后企业投资评价部门根据审计的结果对投资进

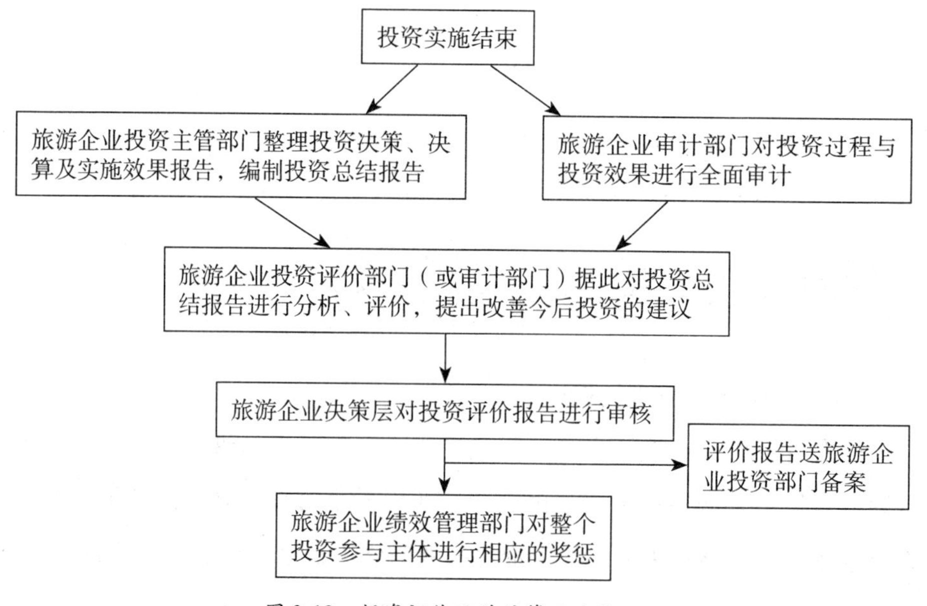

图 3-12　投资评价及总结管理流程

行总结，并对总结报告进行分析、评价，提出今后投资的改善建议。旅游企业决策层对投资评价报告进行审核，旅游企业绩效管理部门对整个投资参与主体进行相应的奖惩，投资评价报告送旅游企业投资部门备案。投资评价及总结管理流程如图3-12所示。

本节通过对旅游企业投资过程中的制度设计及流程的阐述，认为对内的固定资产投资、对外投资都应遵循图3-13所示的管理流程。

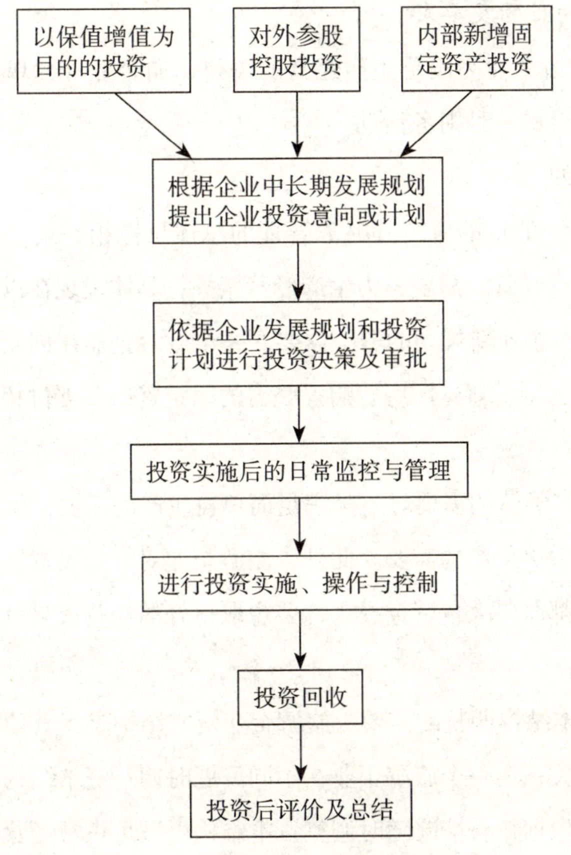

图3-13　投资管理总体流程

在对投资管理制度进行设计时，要建立明确的职责分工制度、授权审批制度和投资责任追究制度，以达到规范投资财务管理行为的目的。

第二节 旅游企业筹资管理流程设计

一、旅游企业筹资概述

（一）筹资的目的及要求

筹资是指旅游企业为满足生产经营的需要，向企业外部单位或个人以及从其内部筹措资金的一种财务活动。

1.筹资的目的

旅游企业筹资的目的应与其财务管理的总体目标相一致，最基本的目的在于满足正常生产经营的需要，为生产经营服务，具体表现在以下几个方面：

（1）满足旅游企业新规划的资金需要。一个旅游企业在创立时期，必须有足够的启动资金支持，新建厂房、购置必需的固定资产、支付相关的开办费用等都需要资金。

（2）满足生产经营的需要。一是满足简单再生产的需要，维持资金链的畅通；二是满足扩大再生产的需要。此外，旅游企业对外的投资及开拓新的经营领域等经营活动都需要大量资金投入，要想取得好的经营成果就必须确保资金按时足额到位。

（3）满足资本结构调整的需要。旅游企业资本结构是指其债权性资本和所有权资本的比例关系。一个旅游企业在不同发展时期对资本结构也有不同的要求，这就需要其根据自身情况随时调整资本结构以满足正常经营的需要，降低财务风险，减少综合资本成本。

2.筹资的要求

旅游企业筹资的最基本要求是经济有效。筹资活动对旅游企业生产经营至关重要，因此旅游企业的筹资活动必须合理、合法、及时、有效，要确保筹集的资金能够及时有效地投入到生产经营过程中。旅游企业在进行资金筹集过程中应遵循以下要求：

（1）筹资与投资相匹配，高效率筹资

筹资分为债权性筹资和所有权筹资，筹资的方式也多种多样。无论旅游企业采用哪种方式筹集资金，都需要事前确定好资金的需要量，确保筹资量与资金需要量相匹配。此外，还应该考虑资金的时效性，过早地筹集资金会导致资金的闲置，增加资金的使用成本；过晚地筹集资金会使投资项目错过最佳的投资时机，给自身经营造成极大的损失。因此，要充分考虑投资活动对资金在时间上的要求，科学地测算旅游企业投资未来的现金流量情况，确定合理的资金投放时间，防止资金不足影响旅游企业正常的生产经营和投资活动。

（2）合理地选择筹资渠道和筹资方式，力求降低资本成本

筹资的方式多种多样，但无论旅游企业采用哪种方式筹集资金，都要不断优化资金来源结构，力求将资本成本降到最低。

（3）合理安排自有资金比例，正确运用负债经营

旅游企业在资金筹集过程中必须使自有资金和外来资金形成合理的比例关系，防止负债过多而增加财务风险，增加偿债压力。

（二）筹资的分类

在资本市场上，旅游企业筹集资金的方式多种多样，资金来源丰富。旅游企业筹资按照不同的标准可以有不同的分类方法。

1.按照资金使用期限的长短来分

旅游企业筹集的资金按照资金使用的期限长短可分为短期资金和中长期资金。短期资金是指资金的占用期限在一年或一个营业周期内的资金，这种资金主要是满足旅游企业日常生产经营的需要。短期资金占用时间短，因此资本成本较低，能够维持旅游企业生产经营过程中资金链的畅通，对其短期的生产经营有着至关重要的作用。旅游企业短期资金的筹集方式主要有发行短期债券、短期银行借款、商业信用等。

中长期资金是指占用期限在一年或一个营业周期以上的资金，这部分资金主要用于旅游企业对外的投资、构建固定资产、取得无形资产等方面。中长

期资金占用期限较长，对短期的生产经营影响较小，但是需要旅游企业付出更多的资本成本，并且和短期资金相比，其投资风险更大一些。中长期资金的筹集方式主要有吸收直接投资、发行股票、发行长期债券、长期银行借款、融资租赁等。

旅游企业筹资时，要合理运用短期筹资方式和中长期筹资方式，对二者进行合理组合，将资金来源与资金运用有效结合起来。

2.按照资金来源渠道来分

旅游企业筹集的资金按照资金来源渠道可以分为自有资金和借入资金。自有资金又称权益性资金，是旅游企业依法筹集并长期拥有、自主支配的资金，其数额等于旅游企业资产负债表中所有者权益总额，又称为旅游企业的净资产。权益性资金的所有权归属旅游企业的所有者，旅游企业的所有者参与旅游企业的经营管理，享有分配剩余权益的权利，也承担一定的责任。旅游企业在经营期内可以长期占用权益性资金，所有者无权以任何方式抽回，旅游企业也不需要支付给所有者这部分资金的使用利息。相比债务性资金而言，权益性资金的成本较高，但是风险较小。权益性资金的主要来源是国家财政资金、其他旅游企业和单位资金、职工或个人资金、外商投资等，采用吸收直接投资、发行股票、留用利润等方式形成。

借入资金又称外来资金或负债资金，是旅游企业依法筹集并依约使用的、按期偿还的资金，数额等于资产负债表中负债的数量，又称为债权人权益。旅游企业负债资金的主要来源是银行信贷资金、非银行金融机构资金、职工和民间资金等，通过银行借款、发行债券、商业信用、融资租赁等方式取得。

旅游企业在筹资时应充分考虑自身情况，选择合适的筹资方式和渠道，寻求最佳的资本结构，降低资本成本，满足生产经营的需要，使筹集来的资金得到充分合理的使用。

（三）权益性资金的筹集

权益性资金又称自有资金，是旅游企业所有者投入旅游企业和旅游企业在生产经营期间积累的资金。从资产负债表可以看出，旅游企业的权益性资金包括资本金、资本公积金和留存收益。旅游企业通过吸收直接投资所取得的实物（如建筑物、设备或其他物资等）、无形资产（如专利权、商标权、版权、土地使用权、专有技术等），必须符合旅游企业生产经营、科研开发和研制新产品的需要。而且吸收无形资产的投资，不得超过旅游企业注册资本的20%。如果情况特殊，比如含有高新技术，确实需要超过20%的，应报经审批部门批准，但最高不得超过30%。旅游企业通过吸收直接投资而取得的非现金资产，必须进行评估作价。

（四）债务资金的筹集

债务资金是旅游企业债权人投入旅游企业和在旅游企业生产经营活动中形成并应由旅游企业偿付的资金。债务资金筹资的特点是：其一，债务资金所有权属于旅游企业债权人，由债务旅游企业按规定的时间偿还本金和支付利息，债权人不享有参与旅游企业生产经营管理的权力，也不能参与旅游企业利润分配，对旅游企业生产经营活动也不承担责任；其二，旅游企业及其经营者只能在一定时期内占有和使用债务资金，债务人对债务资金必须按时还本付息。

旅游企业的债务资金全部反映在资产负债表上，它由流动负债和长期负债两部分构成。流动负债又称短期负债，包括旅游企业向金融机构借入的短期资金、向社会发行短期债券筹集的资金，以及在生产经营活动中形成的各种应付、应交款项；长期负债包括旅游企业向金融机构借入的长期资金、向社会发行长期债券筹集的资金，以及通过融资租赁资产形成的长期应付款项等。

（五）资本成本

资本成本是指资金使用者为获得资金使用权所支付的费用，它包括资金的使用费用和筹集费用。使用费用包括资金的时间价值和风险价值，筹资费用包括股票、债券的印刷费、发行费、公证费、广告费、律师费及筹资手续费等。资本成本可用绝对数表示，也可用相对数表示，但一般采用相对数即资本成本率来表示。其计算公式如下：

$$\text{资本成本率}=\frac{\text{使用资金支付的报酬}}{\text{筹资总额}-\text{筹资费用}}=\frac{\text{筹资总额}\times\text{资金使用报酬率}}{\text{筹资总额}\times(1-\text{筹资费用率})}$$

资本成本对于企业具有重要意义，其为评选筹资方案提供重要的经济依据，为投资决策提供重要的经济标准，为负债经营提供重要的经济信息。

1.不同筹资方式的资本成本的比较

筹资方式各有特点，企业在选择筹资方式时应根据自身特点，结合行业及市场的形势选择最优的筹资方式，使企业的资本成本达到最低。不同筹资方式的资本成本如表3-1所示。

表 3-1　　各种筹资方式资本成本分析

债券资本成本	①债券资本成本由旅游企业实际负担的债券利息和发行债券支付的筹资费用组成 ②利息计入财务费用意味着会计期间费用增加、利润减少，这会相应减少上交国家的所得税额 ③旅游企业发行债券的筹资费用使得旅游企业筹集资金的实有额少于发行债券的筹资额	$K=\frac{I(1-T)}{B(1-F)}$ 式中： K——债券成本率，B——债券筹资额，I——债券年利息，T——所得税率，F——债券筹资费用率 长期银行借款资本成本率的计算方法与债券资本成本率的计算方法基本相同
优先股资本成本	①优先股资本成本是旅游企业以优先股方式筹集资金所支付的各项费用 ②旅游企业发行优先股筹集资金要支付筹资费用和固定股息 ③旅游企业支付优先股股息不会减少上交国家的所得税额	$K=\frac{D}{P(1-F)}$ 式中： K——优先股资本成本率，D——优先股年股利，P——优先股筹资额，F——优先股筹资费用率
普通股资本成本	①普通股资本成本是旅游企业以普通股方式筹集资金所支付的各项费用 ②旅游企业发行普通股筹集资金要支付筹资费用和股利 ③支付股利不会减少旅游企业上交国家的所得税额 ④普通股的股利一般呈增长的趋势，计算其成本时应考虑这一因素。旅游企业普通股股利率越高，则其股利和市价越高 ⑤普通股资本成本率应根据其市价和时间来计算	$K=\frac{D}{P(1-F)}+g$ 式中： K——普通股资本成本率，D——普通股当前预计每股年收益，P——普通股当前预计每股市价，F——普通股筹资费用率，g——普通股股利年增长率

（续表）

保留盈余资本成本	①保留盈余资本成本是一种机会成本； ②保留盈余属旅游企业所有者投资额的增加额，所有者虽然没有以某种形式取得这部分利益，但可以从其投资额的增值中得到补偿，这就等于所有者对旅游企业追加了投资； ③保留盈余资本成本率的计算方法与普通股资本成本率的计算方法基本相同，只不过不用考虑筹资费用。	$K = D/P + g$ 式中： K——保留盈余资本成本，D——普通股当前每股年股利，P——普通股当前每股市价，g——普通股股利年增长率。

2.综合资本成本

受多种因素影响，企业不可能只使用某种单一的筹资方式，往往需要通过多种方式筹集所需资金。为使各种以不同方式筹集的资金得到最佳组合，就要计算旅游企业全部长期资金的总成本，即综合资本成本。综合资本成本通常是以各种资本占全部资本的比重为权数，对个别资本成本进行加权平均确定的，因此亦称加权平均资本成本。综合资本成本是由个别资本成本和加权平均数两个因素决定的。

综合资本成本率计算公式：

$$KW = \sum_{i=1}^{n} W_i \cdot K_i$$

式中：KW表示综合资本成本率，W_i表示第i项个别资本占全部资本的比重，即权数，K_i表示第i项个别资本成本率。

3.企业的资本结构

资本结构又称财务结构，是指旅游企业筹集的各类资金的构成及其比重。广义的资本结构包括长期资金和短期资金的结构、权益资金和负债资金的结构、长期资金内部的结构、各种不同筹资方式所筹集资金的结构等；狭义的资本结构是指长期资金内部的结构，即通常所说的资本结构。

旅游企业加强资本结构的管理，对于降低资本成本、减少筹资风险损失、增加财务杠杆利益和合理安排资产结构具有重要意义。

优化长短期资本结构的策略和方法如表3-2所示。

表 3-2　　资本结构优化分析

优化资本结构的策略和方法	（1）策略 ①当旅游企业资产净利润率较高而债务资本成本较低时，适当提高债务资本在资本总额中的比重对旅游企业是有利的，因为这样能获得财务杠杆利益，从而提高权益资本收益率 ②不能据此认为债务资本越多越好。如果旅游企业债务比重过高，旅游企业所有者和债权人就会要求提高他们的投资收益率，从而加大旅游企业资本成本，使旅游企业的财务陷入困境 ③当资产净利润率较低而债务资本成本较高时，降低债务资本在资本总额中的比重对旅游企业来说是有利的，因为这样能减少财务杠杆损失，从而维护所有者利益 ④安排资本结构应结合旅游企业不同时期的不同情况，权衡旅游企业得失并作出正确选择，做到负债适度 （2）方法 ①通常的做法：事先提出数个资本结构方案，分别计算出各方案的综合资本成本，并从中选择出综合资本成本最低的方案，以此作为最优资本结构方案 ②事先提出的备选方案越多，采用这种方法确定的资本结构越佳

二、旅游企业筹资业务管理制度设计

（一）筹资业务管理制度设计的目标和要求

1.筹资业务管理制度设计的目标

实行筹资业务的职责分工；实行筹资业务预算和审批控制；正确对筹资业务进行会计核算；建立和健全筹资业务凭证流转与管理等制度；定期对筹资款项进行清理，保证账户记录的正确性；真实完整地记录筹资信息，并在财务报表上正确披露。

2.筹资业务管理制度设计的要求

（1）确保筹资业务相关核算资料记录准确可靠

会计部门应该严格按照《企业会计准则》进行筹资业务账务处理，合理摊销债券溢价和折价。筹资记录主要包含实务记录及筹资相关会计记录。实物记录是针对未来发行的债券、收回的库藏股票的管理而设置的，必须及时登记备查簿。在会计记录方面，关键要选用正确的账户、适当的计量方法，加强总账与明细账的核对，并按照会计准则具体规定进行记录，正确编制会计凭证，以保证筹资业务记录账账相符、筹资业务会计核算资料准确可靠。

（2）保证筹资业务合规合法

企业筹资业务应设置相应的授权审批制度。旅游企业发行股票或债券都应当具有相应的授权，并履行正式的审批程序。筹资活动的一切手续应当符合相关法律法规，保证旅游企业资金的筹集合规合法。旅游企业在经营过程中需要按照其经营情况分析资金需要数量及对未来收益的影响，比较各种不同的筹资方案，针对不同的方案提出建议。任何一项投资计划都必须经过董事会的批准，经董事会批准后，还应该编制具体的实施细则，报经董事会审批之后方可执行。董事会对筹资计划和实施方案的细则要形成书面文件并存档。

（3）确保筹资安全

由于旅游企业筹集的资金都有相应的资本成本，而债务性的筹资需要到期还本付息，因此旅游企业需要承担一定的财务风险。若旅游企业的投资不能达到预期的回报率就会面临较大的还款压力，还有可能因不能按时偿还资本成本而陷入财务困境，因此旅游企业应该合理科学地安排符合自身实际情况的资本结构，在满足自身对资金的需求量的前提下降低财务风险。

（4）确保旅游企业发展战略目标对资金的需要

旅游企业在筹集资金时应充分考虑资金的时效性，根据资金的需要时间来安排投放时间，避免资金筹集过早造成资金的无效占用或资金筹集过晚而延误投资的最佳时机。

（二）筹资业务内部控制制度设计

要实现筹资管理制度设计的目标，就必须加强对筹资活动的内部控制，确定合理的筹资规模和筹资结构。另外还要选择合适的筹资方式，尽可能降低筹资的资本成本，将财务风险降到最低，确保筹集到的资金能够得到合理有效的使用。

1.职责分离制度的设计

为保证筹资业务控制目标的实现，旅游企业在设计筹资管理制度时应该建立独立的岗位责任制，明确相关部门和岗位的责任和权限，达到相互制约和监督的目的。

（1）在筹资过程中编制筹资计划的相关人员要与筹资计划的审核人员适当分离。对于一些重大筹资项目，审核人员必须独立于审批人员，并在审核后提出意见。如有必要可从外部聘请财务顾问，确保审批人员能够公正客观独立地评判计划的优劣。

（2）在筹资过程中办理债券业务及股票分析的相关人员要和会计核算人员分离。

（3）在筹资过程中会计核算人员和收款人员要分离，利息或股利计算的人员与支付利息或股利的人员要分离，最好是聘请独立的机构专门负责筹资过程中的支付业务。

（4）在筹资过程中对未发行的债券或股票进行保管的人员要与负责相关会计核算的人员分离。

（5）不得由同一部门或者个人办理筹资业务的全过程。

2.授权审核制度的设计

旅游企业在进行筹资计划审批时，一般会事先授权财务经理来编制筹资计划。适当的授权及审批可以有效地提高筹资的效率、降低财务风险，避免由于缺乏授权、审批而出现的一系列舞弊现象。

（1）旅游企业应授权批准一名总经理负责筹资业务，对其负责的责任及权限范围要予以明确。

（2）负责筹资业务的经理应在经营活动中不断地分析旅游企业经营活动所需要的资金数量，并在认为恰当的时候编制筹资计划。在计划中要详尽地说明筹资的理由、数量，筹资前后财务状况的变化，筹资对未来收益的影响，各种筹资方式的比较及对某种筹资方式的建议等。

（3）筹资项目获批后，企业应就该项筹资活动对旅游企业未来净收益的影响进行审核，审核要由企业聘请的法律顾问和财务顾问共同完成。

（4）在筹资活动获批后，企业应授权财务经理对筹资过程中的具体业务细节进行详细策划。策划完成后，由企业领导对筹资策划进行逐项审核。

（5）企业领导对筹资策划审核后，以书面报告的形式出具审核结果，并对筹资执行过程及过程中需要办理的各项手续进行标注，便于今后修改。

3.债券或股票的签发制度

企业发行债券或股票要有核准的决议，这份核准决议是发行债券或股票进行筹资所必需的证明文件。因此，旅游企业必须制定发行债券或股票的相关内部会计控制制度。

（1）债券或股票筹资在审核批准后、正式发行之前，必须经过企业所有领导共同签发。

（2）在债券或股票正式发行之前，所有被授权签发债券或股票的领导，都要仔细对将发行的债券或股票与原核发债券或股票的一致性进行核对。

（3）对发行债券或股票的相关必要文件和手续的完整性进行检查。债券或股票正式发行前的签发制度是最后的审核环节，可以有效防止错误或舞弊的发生。所有指定签发人签字通过审核后，债券或股票才能正式发行。

4.债券或股票的发行制度

发行债券或股票筹资的特点是筹资金额大、发行时间较长，摊销债券还需要专门的技巧和经验。旅游企业在使用债券或股票进行筹资时应该做到：

（1）旅游企业应该委托有一定地位的、资本雄厚的银行、信托投资公司、证券交易商来代理发行债券，这样可以保证大部分的债券或股票能够顺利销售出去，有利于旅游企业的内部会计控制。

（2）旅游企业发行股票要委托证券公司等来运作，股票发行或股份转让过户过程中的业务均需证券公司协助完成。

5.会计核算控制制度的设计

在企业会计核算业务中，筹资业务的会计核算比较复杂，要加强对会计记录的控制，保证会计核算真实可靠、内容完整、记录及时。对债券或股票在核算过程中的溢价、折价要选用合适的摊销方法。对外发行的股票，要设置股东明细账加以控制。用资过程中支付的利息、股利必须准确核算和计量，并记入相应账户，未领股利在会计核算过程中也要全面反映并单独列示。

（1）筹资收入款项控制

由于筹资收入金额较大，因此旅游企业最好委托独立的代理机构代为发行。通过代理机构发行，可以从客观的角度更加有效地对债券或股票进行管理，而且能够起到从外部协助旅游企业内部控制的有效执行的作用，也可以从更加客观、公正的角度进行会计记录，增强会计信息的可信性，从而防止筹资过程中内部人员进行不正当活动。

（2）实务保管控制

债券或股票在法律上代表了债权人或股东对资产所拥有的权利，同时它们和其他证券一样具有相当强的流动性。因此，旅游企业应当建立健全债券和股票的保管制度。

6.财务分析控制制度的设计

通过财务分析控制制度的设计，可以加强对筹资的风险控制。为了保障债券持有人的利益，确保债券在到期日有足够的偿还能力，债券发行旅游企业应在债券到期之前，按期建立偿债基金，预防财务风险。

（1）在筹资过程中需要指定专职人员，根据负责债券发行信托公司提供的数据，逐期计算应提存的偿债基金，并据此填制付款凭证，然后交由财务负责人审核并签字。

（2）会计人员根据付款凭证填制支票，然后交给财务负责人签字后存入银行或信托公司的专门账户。

（3）银行或信托公司偿债基金的对账单要定期和企业的账面余额进行核对，核对人员为与企业相关会计人员职权分离的人员。

（4）分析筹资决策过程，包括筹资总额、筹资结构、筹资渠道，以及科学、合理的筹资决策方式。重点检查是否存在盲目筹资的现象，并定期向最高管理者或董事会送交财务分析报告。

三、筹资管理制度流程

（一）筹资管理流程设计

筹资管理是旅游企业财务管理的重要组成部分。在整个筹资管理过程中，由筹资专员制订筹资计划，制订好的筹资计划由财务主管审核，财务主管审核完由总经理再一次审核，经过审核后的筹资计划由筹资专员执行，并对外部借款进行账务处理，如图3-14所示。

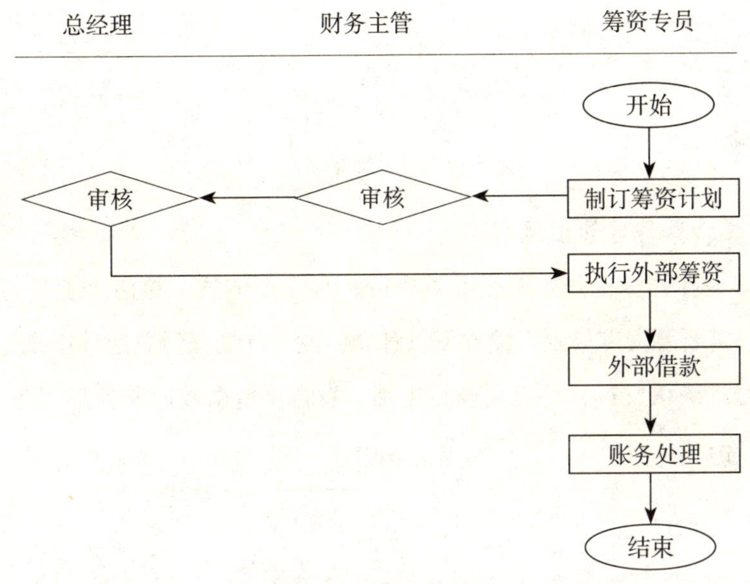

图 3-14　筹资管理流程

（二）银行借款管理流程

旅游企业使用银行借款进行筹资时，由筹资专员制订筹资计划，筹资计划的编制要尽可能详细。编制完的筹资计划由财务主管审核，经过财务主管审核后的筹资计划再经过银行审查，银行审核无误后即与旅游企业签订借款合同。旅游企业按期还款付息，并由财务会计部门进行相关的账务处理，如图3-15所示。

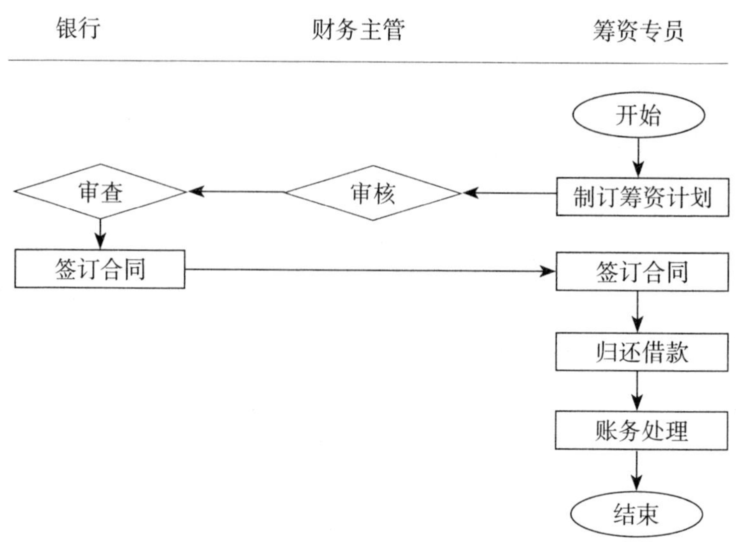

图 3-15 银行借款管理流程

（三）债券筹资管理流程

发行债券筹资也是旅游企业筹资的一种主要方式。旅游企业发行债券进行筹资，需要筹资专员制订债券发行计划，发行计划报经总经理审批，审批完后由总经理确认发行，并提交发行申请。发行申请由政府职权部门进行审批，

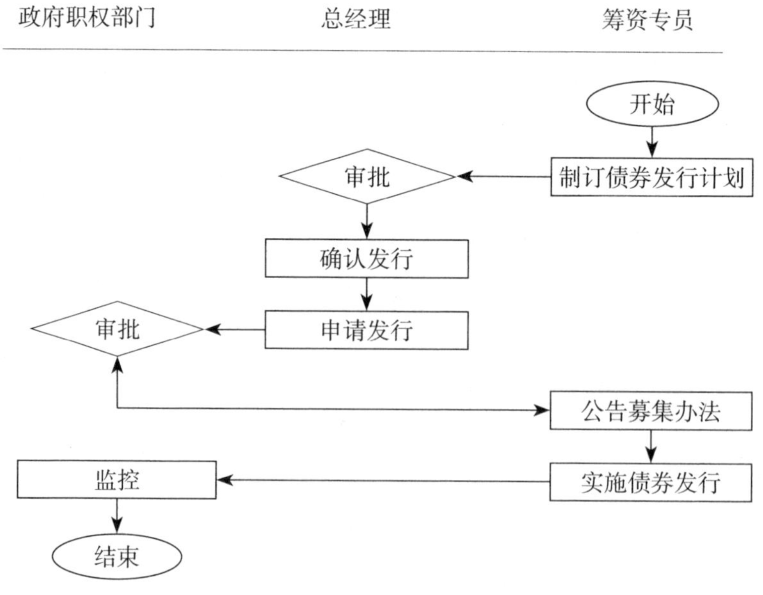

图 3-16 债券筹资管理流程

审批之后由旅游企业筹资专员制定募集办法，并进行公告，公告期后实施债券发行程序，债券发行过程由政府职能部门实施监控，如图3-16所示。

（四）融资租赁管理流程

融资租赁是指旅游企业通过与租赁公司签订租赁合同进行融资的一种特殊形式。融资租赁虽然是租赁业务，但是具有分期付款购买设备的实质，当旅游企业急需大型贵重设备，而自身没有足够的资金去购买时，融资租赁就是一种较好的融资方式。通过与租赁公司签订租赁合同，旅游企业支付一部分货款，剩余款项采用分期付款的形式进行支付，这种方式既能满足旅游企业对设备的需要，又能够缓解其资金压力。旅游企业使用融资租赁的形式进行筹资，需要筹资专员提议租赁计划，租赁计划需要提交总经理进行审核，审核之后开始实施。由筹资专员选择租赁公司，提出租赁沟通请求，请求通过后旅游企业筹资专员及相关人员与租赁公司就租赁业务进行沟通。沟通之后，租赁公司需要对旅游企业的租赁信用进行考核，考核之后由总经理与租赁公司签订租赁合同，合同需明确租赁过程中的具体责任和义务，双方达成一致之后执行租赁合同，如图3-17所示。

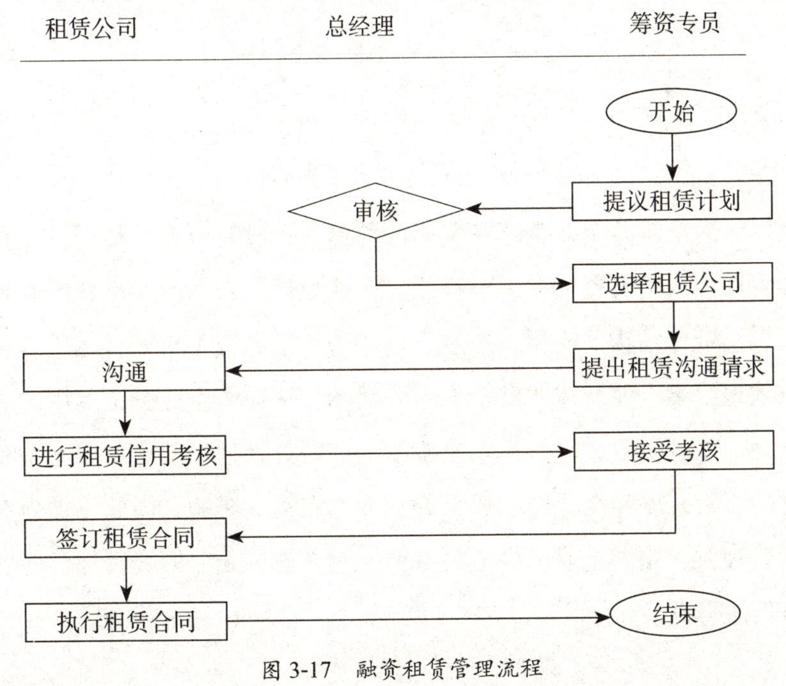

图 3-17　融资租赁管理流程

（五）股票筹资管理流程

股票是股份制公司为筹集自有资金而发行的有价证券，代表了股东对股份制公司的所有权。旅游企业采用发行股票的形式进行筹资时，首先要由筹资专员制订股票发行计划，发行计划需要提交总经理进行审核。审核之后确认发行，确认发行由政府职权部门进行审批，审批后由总经理确认优先股，之后确认上市，股票上市过程由政府职能部门进行监控，如图3–18所示。

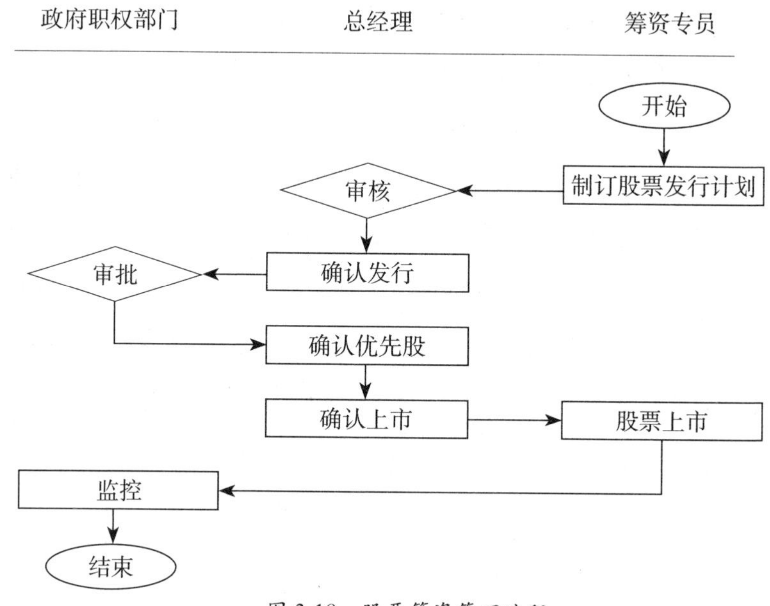

图 3-18　股票筹资管理流程

筹资活动是旅游企业生存和发展的前提，若没有资金其将难以生存，也不可能发展。所谓筹资活动，是指旅游企业根据其自身的经营状况，出于对投资及调整资本结构的需要，通过各种筹资渠道和资本市场，运用筹资方式经济有效地筹集企业所需要资金的财务活动。从旅游企业资金运用的过程及财务活动的内容来看，筹资活动是旅游企业财务管理的起点，对旅游企业经营活动的正常开展和企业经营成果的获取都有重大影响。因此，加强对筹资活动的管理对于旅游企业来讲至关重要，对于旅游企业筹资管理的制度设计也应该具体明确。

第四章
财务管理制度中日常管理环节流程设计

第一节　营运资金管理流程设计

一、营运资金管理概述

营运资金因流动性较强而成为企业资金中最具活力的部分，它能影响企业日常经营，也反映了企业经营能力的强弱，其运行效率对企业的生存与发展起着至关重要的作用。企业营运资金管理的目标与财务管理的总体目标是一致的，都是为了实现企业价值的最大化。企业营运资金的管理贯穿整个经营过程，包括企业的采购、销售以及各个部门的所有工作，因此，要做好企业营运资金的管理就需要得到企业各个部门的配合。

目前有很多旅游企业都存在营运资金管理方面的问题，像资金不足、资金周转能力较低等，这些都严重影响到旅游企业的经营效益。因此，旅游企业要想维持良好的经营，就必须加强对营运资金的管理，解决营运资金管理过程中出现的问题。

（一）营运资金的概念

营运资金又称营运资本，是指旅游企业投入日常经营的资本。营运资金有广义和狭义之分。狭义的营运资金，是指旅游企业一定期间内流动资产和流动负债的差额，又称净营运资金。这一概念比较抽象，没有具体指向，仅仅是一个差额。如果差额大于零，则说明旅游企业不需要变现长期资产来维持企业日常经营过程中的资金流转，就可以增强企业的短期偿债能力。广义的营运资金，是指旅游企业一定时期内的全部流动资产，也称总营运资金。广义的营运资金，包含了旅游企业流动资产的所有项目，即旅游企业某一特定期间内持有的现金、有价证券、应收及预付账款等各类资产。

从会计的角度来看，营运资金是指流动资产与流动负债的差额。如果企业的流动资产与流动负债相等，那么流动资产上占用的资金就是流动负债；如果企业的流动资产大于流动负债，则说明企业的流动资金不仅仅是通过负债筹资而来的，还有部分是企业所有者投入的。流动资产和流动负债在会计上的关系，通常也用来反映企业的短期偿债能力。

流动资产是指可以在一年或者超过一年的一个营业周期内实现变现或运用的资产，其特点是占用时间短、周转快、变现能力强等。旅游企业流动资产较多，从而能够适当降低企业的财务风险。资产负债表上的流动资产项目主要包括货币资金、短期投资、应收票据、应收账款和存货等。

流动负债是指需要在一年或者超过一年的一个营业周期内偿还的债务。流动负债融资可以降低企业的用资成本，但是由于偿还期短，企业必须认真进行管理，否则财务风险会增大。在资产负债表里，流动负债主要包括短期借款、应付票据、应付账款、应付工资、应付税金及未分配利润等。

旅游企业的营运资金管理包括流动资产管理和流动负债管理。营运资金的管理主要是对流动资产与流动负债进行规划和控制，使旅游企业有较强的偿债能力及获利能力。在我国，企业营运资金的管理更加偏重于短期资产的管理，比如现金管理、应收账款管理、存货管理和短期证券管理等。

（二）营运资金管理的内容

在当代旅游企业管理中，营运资金管理的具体内容包括现金管理、短期有价证券投资管理、应收账款管理、存货管理、流动负债管理。

1.现金管理

现金在财务报表中的含义是指现金及现金等价物，包括企业的货币资金、银行存款和银行本票、银行汇票等。在企业资产中现金是流动性最强的，企业持有适量的现金是非常必要的，可以满足企业交易性需求、预防性需求及投机性需求。若企业持有的现金量不足，则将有可能影响企业的日常经营，导致企业没有足够资金去做必要的投资，从而影响企业的收益；若企业持有的现金过量，那么企业的资金就会闲置，使得机会成本增加，管理成本也会增加。

2.短期有价证券投资管理

企业一项非常重要的短期资产是短期有价证券投资，它是企业利用自有的闲置资金对外进行的权益性投资或者债权性投资。短期有价证券一个非常重要的特点是当企业遇到紧急情况需要资金时，其可以随时交易变现，以缓解企业资金短缺的问题。另外，企业利用闲置资金购入短期有价证券既能为企业获取一定的收益，又能避免企业资金闲置造成的资金浪费，因此旅游企业进行短期有价证券投资管理具有非常重要的意义。

3.应收账款管理

应收账款是指企业对外销售商品、材料以及提供劳务而应向购货方或接受劳务方收取的款项，是企业一项非常重要的流动资产。企业经常利用应收账款来扩大销售，增加企业在整个市场中的份额，从而提升企业的综合竞争力。但是应收账款的存在也在一定程度上增加了企业的风险，因为其有可能不能收回，比如遇上特殊情况对方企业破产无力偿还债务，这就会造成企业的坏账，给企业带来损失。如果企业应收账款过多，且坏账过多，则有可能影响企业的财务状况，导致企业资金链断裂，进而影响企业的正常生产经营，更严重的情况是会导致企业因资金链断裂而破产。因此，企业要充分利用应收账款扩大销售的功能，适量利用其来占领市场，提升竞争力，同时对其要严格控制和管理，以降低坏账风险，使其可以更好地为企业服务，起到其应有的作用，增加企业的综合效益。

4.存货管理

存货是指旅游企业在日常生产经营活动中为销售或者耗用而储备的物资，包括材料、低值易耗品、商品等。企业在日常经营过程中持有充足的存货可以满足企业的各种需求，但是存货也不能持有过多，因为持有存货会有成本，从而减少企业的利润。因此，在企业日常的存货管理中，在满足企业日常需求的基础上，应尽量减少存货的持有。

5.流动负债管理

流动负债是指企业需要在一年或者超过一年的一个营业周期内偿还的债务，属于短期负债。企业的负债对于企业财务管理来讲是一把双刃剑，企业持有一定量的负债可以利用财务杠杆来为企业获取收益，但是过高的负债也会导致企业风险加大，如果最终不能偿还，则会使企业陷入财务危机。在企业资产负债表中流动负债主要有短期借款和应付账款。

（三）营运资金的特点

要有效管理旅游企业的营运资金，就必须研究营运资金的特点。营运资金一般具有以下特点：

（1）周转时间短。营运资金作为企业流动性最强的资金，周转时间为一年或一个营业周期。因此，营运资金可以通过短期筹资方式获取。

（2）非现金形态的营运资金（如存货、应收账款、短期有价证券）容易变现。这一点对旅游企业应对临时性的资金需求有重要意义。

（3）数量具有波动性。营运资金在企业日常经营过程中很容易受到企业内外因素的影响，因此数量上的变动幅度往往很大。

（4）来源具有多样性。营运资金获取方式较多，既可以通过长期筹资方式获取，也可以通过短期筹资方式获取。长期筹资方式有长期借款，短期筹资方式有短期借款、应付账款、票据贴现等。

（四）营运资金管理的目标

营运资金管理作为旅游企业财务管理的重要部分，其目标理应与财务管理目标保持一致，即为旅游企业获取最大的利润，实现旅游企业价值最大化。营运资金管理的目标具体包括以下两个：

1.保持合理的资金结构，保证旅游企业持续经营

旅游企业存在的根本目的就是获利，亏损的旅游企业是不可能长期存在的。而旅游企业的营运资金是保证日常生产经营活动的必要资金，其管理的好

坏直接影响着旅游企业的日常经营。

2.提高获利能力，实现资金的增值

在旅游企业经营过程中加强资金的有效运用，有助于企业资金的周转，实现资金的增值，进而提升旅游企业的企业价值。

二、营运资金管理制度设计

（一）营运资金管理制度设计的目标和要求

1.营运资金管理制度设计的目标

营运资金管理制度设计的目标是在旅游企业经营管理目标的基础上，结合旅游企业经营管理的需要，对营运资金进行正确严格的核算，加强营运资金的管理和控制，监督营运资金使用的合法性和合理性，提高营运资金的使用效率，保护旅游企业营运资金的安全与完整。具体目标有以下几点：保证营运资金的安全与完整，保证营运资金的合法合规，保证营运资金业务核算的准确和可靠，保证营运资金业务结算及时。

2.营运资金管理制度设计的要求

营运资金在任何旅游企业中都是必需的，而且具有流动性强、风险大的特点，因此在旅游企业中的地位比较特殊，对于旅游企业的经营起着重要的作用。为了实现营运资金管理制度设计的目标，旅游企业对营运资金管理制度的设计应符合以下要求：

（1）合法性。对营运资金进行管理需要严格执行国家的相关法律法规，如《银行账户管理办法》《中华人民共和国票据法》等，根据法规设计营运资金管理手续、核算程序及内部控制制度。

（2）效率性。在进行内部控制及相关业务处理程序设计时，要注意提高工作效率。

（3）正确反映各种营运资金的增减变动情况，保证旅游企业生产经营活动能够正常有序地进行。

（4）严格规定各种营运资金的收发手续，保障旅游企业财产物资的安全。

（5）规范性。根据营运资金的管理要求，制定营运资金业务的内部管理制度，从制度的组织、岗位职责的分工、权限的划分及限制条件上防止可能发生的一切漏洞。

（二）营运资金管理制度设计方案

1.出纳岗位设置

出纳主要负责企业现金和银行存款的收支。现金和银行存款是企业流动性最强又非常重要的资产，对旅游企业来说更是如此。因此，企业在对现金和银行存款管理过程中设置了出纳和会计两个岗位，实施岗位分离制度，这样能够有效地对管理人员进行监督。旅游企业出纳的主要职能有：

（1）现金及银行存款的收付。现金及银行存款的收付是旅游企业出纳岗位最常见也是最基本的职能。旅游企业涉及现金或银行存款收付的业务主要有日常经营活动的收入和支出、往来款项的收入和支出、企业投融资过程中的款项收支等。这些业务都是旅游企业的常见经济业务，涉及现金及银行存款的收入和支出都需要经过出纳办理。

（2）反映职能。在对企业现金及银行存款相关业务进行记录和反映时，要使用统一的货币计量单位（我国以人民币登记）。在填制相关的现金与银行存款日记账及各种明细分类账时，要做到记录详细、核算准确。

（3）监督职能。企业所有与现金及银行存款相关的业务都要经过出纳人员处理，出纳人员在办理业务过程中要对相关业务的合法性、合理性进行审核和监督。

（4）管理职能。由于业务的特殊性，出纳人员能够直接对现金及银行存款进行管理，因此能准确地了解企业的资金使用状况。

2.现金管理

（1）企业的库存现金是企业根据自身需要在企业留存的现金，是企业中流动性最强的资产。现金管理如果没有一套完整的制度很容易出现问题，因此在企业财务管理过程中要有严格的现金管理制度，如规定持有的限额、超过库存限额的现金是否当日送存银行。

（2）旅游企业在对库存现金进行管理过程中应该严格执行库存金限额，为了确保资金的安全性要将超过限额的部分现金在当天或次天上午上交银行。企业库存现金限额的计算公式为：

本月库存现金限额＝前一个月平均每天支付的数额（不含每月平均工资数额）×限定天数

库存现金限额确定后申请限额的一般程序为：首先填制现金库存限额申请批准书，然后报送开户银行签署审查批准意见和核定数额。

（3）货币资金支付业务的申请、审批、复核和办理程序，如图4-1所示。

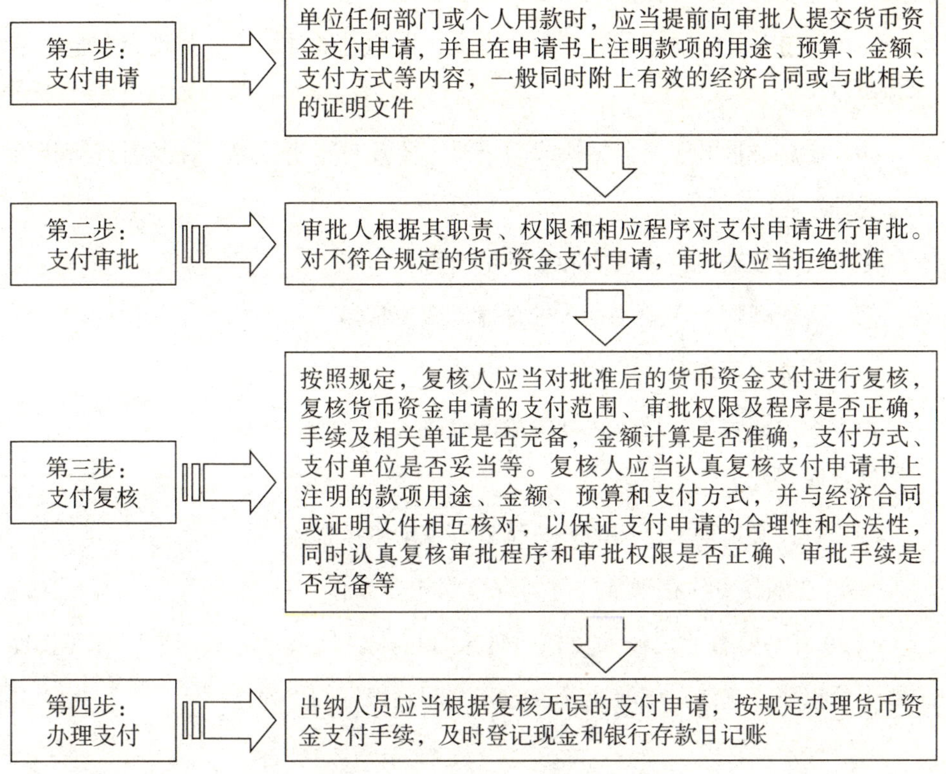

图4-1　货币资金支付业务流程

（4）企业相关人员在处理现金相关业务时，签审凭证需要业务经办人员在现金收支原始凭证上签字，如果业务重要或金额较大者还需填清业务的具体内容、现金的用途，然后由部门负责人审核签章。如果有作废的收款收据，要加盖“作废”字样。

（5）在企业现金管理过程中，出纳人员在已付讫的凭证上都要加盖“银行付讫”或“现金付讫”图章，不能出现“白条抵库”现象。

（6）在对企业现金进行管理的过程中，为充分保障现金的安全，收到的现金应及时存放在保险柜等安全设备中。

（7）旅游企业库存现金的收入与支出由出纳人员负责，但是出纳人员不得同时负责收入、费用、债权、债务等账簿的登记工作，不能同时兼管会计稽核和会计档案保管工作。出纳人员不能登记现金和银行存款的记账凭证，有关现金及银行存款的相关凭证必须由会计人员登记。

（8）出纳人员必须每日清点库存现金，做到日清月结，并与现金日记账结余额核对。

（9）旅游企业出现现金短缺或溢余时，要及时查明原因，并及时进行相关账务处理。

出现现金短缺时，应按实际短缺的金额：

借：待处理财产损溢——待处理流动资产损溢

　　贷：库存现金

出现现金溢余时，应按实际溢余的金额：

借：库存现金

　　贷：待处理财产损溢——待处理流动资产损溢

（10）按期盘点库存现金，并与现金账相核对。

（11）月末要有非记账人员核对现金日记账。月末非记账人员核对现金日记账十分重要，这能对旅游企业现金安全起到很好的保障作用。

3.银行存款管理

银行存款是企业存入银行或其他金融机构的货币资金。根据国家对货币资金管理的有关规定，企业日常经营业务所涉及的各种往来账项，除了按照规定可以使用现金进行结算的，其他的款项都要通过指定银行办理转账进行结算。旅游企业根据自身经营业务需要，设置银行存款账户，办理存款、取款及其他各种收支转账业务。

（1）企业在结算过程中可以采用的结算方式如图4-2所示。

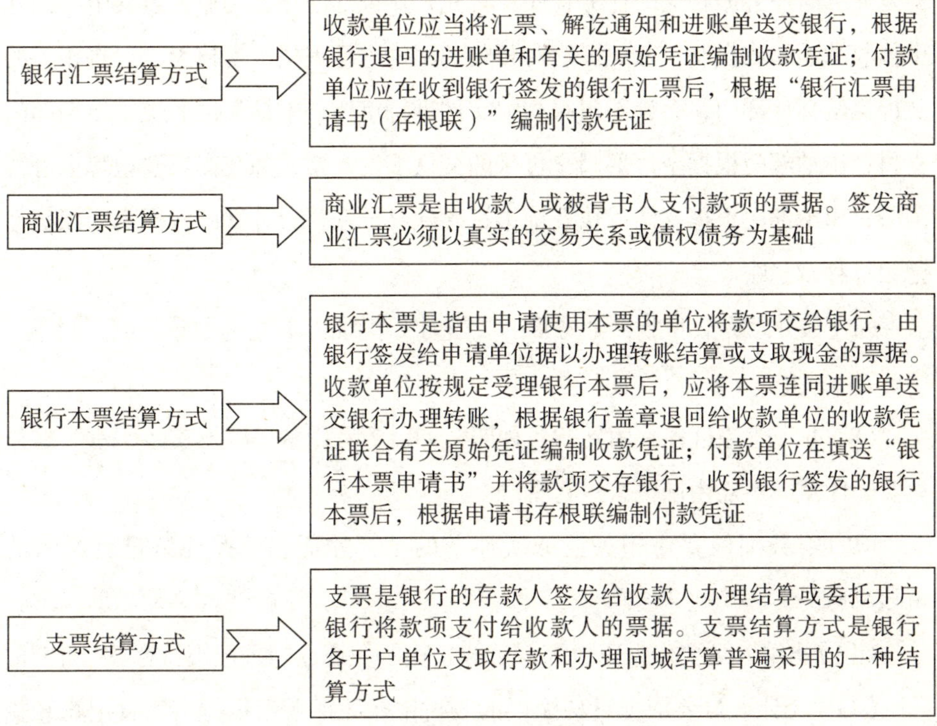

图 4-2　旅游企业结算方式

（2）在办理相关业务的过程中，银行存款的收支原始凭证上需要经办人员的签字。

（3）在对转账支票和结算凭证进行编号时，应按照业务发生的顺序连续编号。

（4）如果使用转账凭证过程中有作废的，应将作废的转账凭证加盖“作废”的字样。

（5）在业务办理过程中不得签发远期支票和空头支票。

（6）在办理支票业务过程中需要遵循相关流程，相关手续要齐全。企业的银行账号和支票不能外借。要对空白支票的签发实施严格的管理，空白支票要严格登记，严禁签发空头支票，领用支票需要办理相关手续，支票不得转让使用。在业务办理过程中支票填制出现错误时，不能在原支票上进行涂改，要加盖“作废”字样，如果出现支票丢失现象应及时向银行挂失。企业在办理支票签发业务时应遵循相应的业务程序：首先是业务部门在办理业务过程中收到外单位收款通知或自制付款凭证后对相关的文件进行审核，审核无误后将相关的文件交给会计部门；会计部门对相关文件进行审核，审核无误后交给出纳部门支付；出纳部门根据会计部门交过来的文件签发支票，并在支票登记簿上进行记录；出纳部门根据支票回执登记银行存款日记账，会计部门根据支票回执登记银行存款总账。

（7）在办理完收付款项业务后，要在原始凭证上加盖“收讫”或“付讫”字样。

（8）办理业务过程中用到的各种印章如财务专用章、签发支票印章、财务负责人印章，不能由同一人进行管理。

（9）财务部门要对相关业务所涉及的结算凭证和原始凭证进行严格的审核。

（10）出纳人员要依据审核无误的收付记账凭证逐笔登记银行存款日记账。

（11）会计人员要依据审核无误的收付记账凭证登记银行存款日记账和相关明细账。

（12）企业的银行存款日记账要与银行提供的对账单逐笔进行核对。

（13）在期末由出纳人员编制银行存款余额调节表，银行存款余额调节表填好后由专门的人员进行核对，确保准确无误。

（14）企业银行存款日记账要定期和会计登记的银行存款明细账、总账进行核对，确保日记账和总账、明细账账账统一。

4.其他货币资金管理

旅游企业的其他货币资金主要包括外埠存款、银行本票存款、银行汇票存款、信用证保证金存款、信用卡存款，其日常管理和业务处理如图4-3所示。

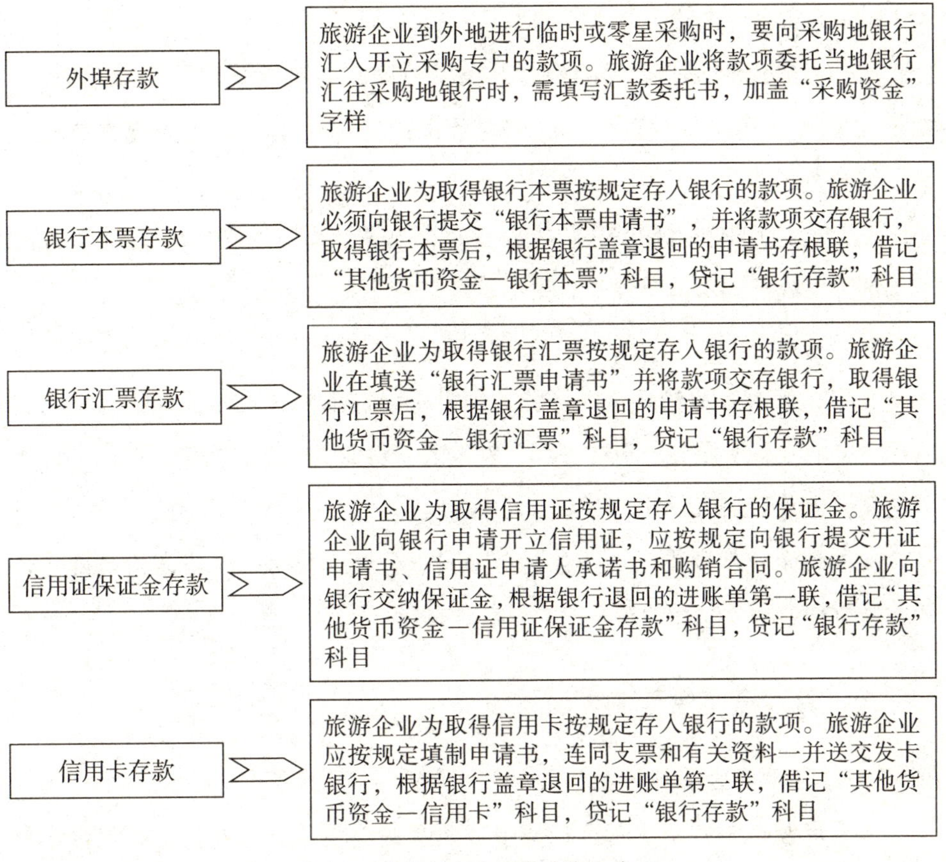

图 4-3　旅游企业其他货币资金管理

5.其他优化控制手段

优化企业银行存款等货币资金的管理，首先要加强旅游企业相关人员的管理，会计人员要具备一定的业务水平，同时要具备较高的职业道德素养；企业有关现金管理的职务要相互分离；企业的货币资金管理要严格，尤其要加强对库存现金的管理；企业在预算过程中要谨慎，要选择最合理的数学模型，对市场进行充分的调研，合理评估评价参数；要加强现金管理收支控制，保证现金的充足；等等。

6.收入管理

收入是旅游企业最重要的一项经济利益的流入，也是企业利润的最主要来源，同时是编制企业利润表的起点和基础，可以说是旅游企业的命脉。因此，在日常的财务管理过程中应加强对企业收入的管理。

（1）旅游企业的资金收入要纳入资金预算。

（2）旅游企业要在指定的银行开设结算账户，结算账户不能随意更改。如果需要开立新的银行账户，需向财务部门提出申请，申请通过才能开立新的账户。

（3）旅游企业获得的销售收入要及时存入企业指定的银行账户，销售部、市场部等下属部门不能单独开立账户。

7.支出管理

支出在旅游企业的日常经济业务中是不可或缺的，也是保证收入获取的前提。企业及各所属分公司或者部门发生的支付业务，要严格依据合同办理相关结算，并及时入账。

在办理企业款项支付的业务时应公正、公开、公平，严格诚信地遵守合同，避免企业陷入法律纠纷。

三、营运资金管理制度流程设计

（一）货币资金管理流程设计

货币资金是旅游企业营运资金中最活跃的组成部分，包含了旅游企业营运资金中的现金、银行存款及其他货币资金。货币资金的使用也是旅游企业营运资金中最为频繁的业务，旅游企业资金的筹集、材料的采购、对外的投资、职工薪酬的发放、产品的销售、负债的偿还、费用的支付等业务都与货币资金紧密相连，如图4-4所示。

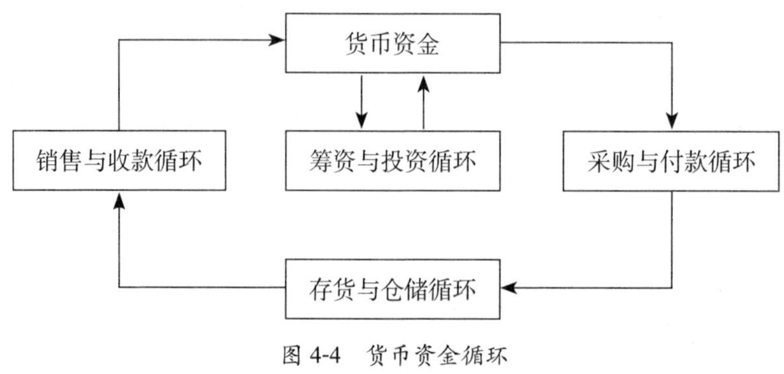

图 4-4　货币资金循环

旅游企业货币资金业务流程如图4-5所示。当旅游企业各部门需要报销或申请资金时，需要提交报销或申请资金的申请单据，由业务经办人提交给部门经理，部门经理对提交的申请进行审核，审核后的用款申请交给主管副总裁进行审批。如果用款申请为工程款，需要经审核审计部对申请进行审核，然后由工程副总裁进行审批，审批后的用款申请交给财务部；如果用款申请不是工程款，则不需要审核审计部审核，直接交给财务部即可。财务部对提交的用款申请进行审核，审核后的用款申请由财务副总裁审批，如果用款额度超过了定额则需要由总裁或者常务副总裁审批，如果用款额度没超过定额则直接交给出纳审核，审核无误后款项即可交付。

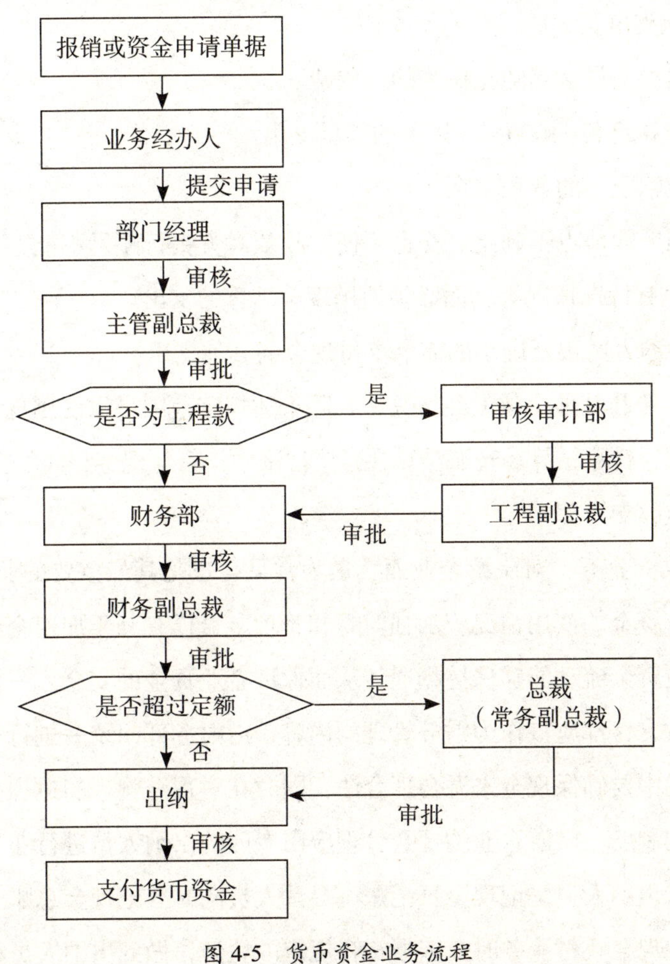

图4-5　货币资金业务流程

在货币资金管理制度设计过程中应该注意职责分工控制制度的设计，货币资金支付的审批与执行是不相容岗位，货币资金的保管与盘点清查是不相容岗位，货币资金的会计记录与审计监督是不相容岗位，这些岗位的设置应该分离，以确保资金的安全性。

1.现金收入支出的范围

现金收入包括公司经济业务范围内的一切现金收入及支用款项的退回现金等。按照国务院颁布的《现金管理暂行条例》，旅游企业可在下列范围内使用现金：

（1）职工工资、各种工资性津贴、劳务费、劳保、福利费及国家规定的对个人的其他支出。

（2）出差人员必须随身携带的差旅费。

（3）结算起点（1000元）以下的零星支出。

（4）发给职工的各种奖金。

（5）因采购地点不确定、交通不便、收款对方银行账号不能办理转账结算或对方当地有特殊情况等，而必须使用现金结算的支出。

（6）中国人民银行确定的需要支付现金的其他支出。

旅游企业和其他单位的经济往来，除上述规定范围可以使用现金外，应当通过开户银行转账结算。转账结算在经济往来中具有与现金相同的支付能力。

2.现金收支管理

现金收支业务，对旅游企业而言最为常见，也是其最重要的业务。因此，对旅游企业资金的使用情况应加强监督和管理，这样有利于加速企业的资金周转，使企业资金流动能够保持畅通，从而保证企业资金的安全。一切与企业有关的现金收支，都应该作为财务管理的内容，由财务部门统一进行管理。企业在经营过程中要确保现金来源合理合法，同时在对现金管理的过程中要建立健全内部制约制度。旅游企业的现金管理应由专门的出纳人员进行业务的登记和管理，要求出纳人员登记现金日记账，会计人员同时登记现金总账和相关明细账，在处理现金收付业务时要依据符合规定的凭证，做到出纳人员和会计人员分工明确、钱账管理岗位分离。

3.银行存款管理流程

中国人民银行规定，旅游企业目前采用银行汇票、商业汇票、支票等结算方式，现金使用范围以外，所有的货币资金收付业务都必须通过银行进行核算。库存限额以外的所有货币资金都必须存入银行结算户，旅游企业及各下属分支机构必须根据《人民币银行结算账户管理办法》的规定，开立和使用银行账户。不同方式取得的银行存款在管理中的流程会有不同，如图4-6所示。

通过银行转来的非支票结算方式的营业收入凭证

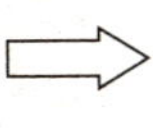

由财务部转交业务经办部门，由经办部门填写收款说明书，并附有关凭证，交财务部稽核员审核后，由主管会计办理有关手续，并进行会计处理

通过银行转来的与其他企业及企业所属各酒店、餐饮等机构的往来款的单据

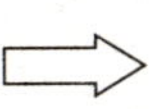

收到后交经办部门，经办部门填写收款说明书，附带结算凭证，交财务部稽核员审核，然后交主管会计处理

业务部门收到其他旅游企业开具的支票

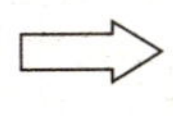

连同有关凭证、收款说明书送交财务部，由稽核员审核，交出纳员于当日送交银行处理。根据合同、协议的规定，由业务部门申办的跨国旅游、国内旅游等需要银行办理汇票、电汇、银行本票等方式支出时，由经办业务部门填写经费支出报审表，交财务部稽核员按计划项目审核用途后，交财务部经理签字。其中需签报本公司领导的，由财务部签署意见后签报

图 4-6　各种来源银行存款的管理流程

4.银行汇票管理

（1）银行汇票一律为记名式，即必须记载收款人的姓名；

（2）汇款金额起点为500元；

（3）付款期为一个月，应该从签发日起算；

（4）汇票可以背书转让。

（二）存货管理流程设计

1.存货管理中的风险

存货是旅游企业营运资金中的另一组成部分。旅游企业在日常管理过程

中要加强存货管理，以保证存货的安全。出于旅游企业的行业特点，其存货一般具有季节性，持有时间一般较短，但也存在一定风险。旅游企业需要关注的存货管理风险如图4-7所示。

风险1	存货业务违反国家法律、法规，可能遭受外部处罚，导致经济损失和信誉损失
风险2	存货业务未经审批或超越授权审批，可能产生重大差错、舞弊、欺诈，进而导致资产损失
风险3	存货保管不善，可能导致存货损坏、变质、浪费、被盗和流失等
风险4	存货盘点工作不规范，可能会导致财务信息不准确，资产和利润虚增

图4-7　旅游企业存货管理风险

针对存货管理存在的风险，需要对存货管理的关键环节进行控制，存货管理控制的关键环节如图4-8所示。

关键环节	内容
关键环节1	明确和规范存货管理的制作分工、权限范围和审批程序
关键环节2	科学、合理地设置机构和配备人员
关键环节3	明确存货请购的事项，请购的依据应当充分、适当
关键环节4	存货管理控制流程应当清晰严密，存货管理的原则和程序应当明确规范
关键环节5	存货的确认、计量和报告应当符合国家统一的会计准则制度的规定

图4-8　旅游企业存货管理控制环节

2.存货管理岗位设置

旅游企业开展存货管理业务，防范存货管理风险，进行存货管理控制，需要明确内部相关部门和岗位的职责、权限划分，并确保不相容岗位相互分离、制约和监督。存货管理控制岗位职责的划分如表4-1所示。

表 4-1　　存货管理控制岗位职责

存货管理控制岗位	主要职责	不相容职责
总裁	◇审批存货管理的采购、保管、使用、处置等政策和制度 ◇审查、审阅存货管理重要财务报表 ◇审批存货管理账目科目的增减和调整 ◇审批盘盈盘亏的应对策略和方法	◇制定存货管理的政策和制度 ◇编制存货管理的财务报表 ◇提出存货管理科目增减调整意见 ◇制定盘盈盘亏应对策略和方法
仓库经理	◇审核仓库物资管理台账 ◇审核月收货、出货报告 ◇审核并确认盘点报告 ◇审核存货补仓申请 ◇审核存货保险购买申请	◇编制仓库物资管理的台账 ◇编制月收货、出货报告 ◇编制盘点报告 ◇办理存货保险购买申请手续
仓库管理员	◇进行货物验收和出入库手续办理 ◇填写、更新仓库台账、卡片 ◇进行在库存货的日常盘点 ◇编制在库存货的日常盘点表 ◇参与月度盘点和年度盘点 ◇提出仓库补仓申请 ◇提出库存呆废品处理意见 ◇制作月收货、出货报告 ◇办理存货保险申请手续	◇复核存货的出入库手续 ◇复核仓库台账 ◇复核在库存货的日常盘点表 ◇审核在库呆废品的处理意见 ◇监督在库呆废品的处理 ◇组织月度盘点和年度盘点 ◇复核月收货、出货报告 ◇复核存货保险申请手续
质量管理部	◇开展专业性要求较高的存货出入库验收 ◇抽查存货的常规性入库检验工作	◇进行常规性存货的入库检验
采购部相关人员	◇审核存货使用部门提出的采购申请 ◇编制存货采购的制度、预算、计划 ◇组织实施存货采购的市场调研、询价、比价、合同谈判、合约签署等工作	◇编制采购申请表 ◇审批采购的制度、预算、计划
财务部经理	◇审核存货采购、保管、使用、处置过程中形成的财务和会计报表 ◇提出存货账目调整的政策 ◇根据管理层的意见调整存货账目 ◇组织开展年度存货盘点和月度存货盘点 ◇参与决策存货保险	◇编制存货采购、保管、使用、处置过程中形成的财务和会计报表 ◇决定存货账目的调整政策 ◇决定购买存货保险

（续表）

存货管理控制岗位	主要职责	不相容职责
财务部工作人员	◇编制存货采购、保管、使用、处置过程中形成的财务和会计报表 ◇审核存货采购费用和金额，支付存货采购的货款 ◇复核仓库台账和上报的仓库出入库单、盘点表、汇总表等	◇审核存货采购、保管、使用、处置过程中形成的财务和会计报表 ◇编制仓库台账和上报的仓库出入库单、盘点表、汇总表等
存货使用部门	◇审核本部门所用存货申领单 ◇填写本部门所用存货申领单 ◇办理本部门所用存货的申领手续	◇办理存货申领手续
保安员	◇检查进出旅游企业大门的货物	◇更新仓库台账、卡片

3.存货采购管理流程设计

旅游企业在经营过程中如果出现所需物资短的情况，要由物资使用部门填写采购申请单，对所需物资的具体情况进行说明。采购申请单由采购部经理审核后交给财务部审核，财务部根据企业预算情况及上级经理意见对采购申请进行审核，审核无误批准盖章，然后交给采购部进行采购。采购部在采购过程中与供应商达成购买意向后，要编写采购合同对采购物资过程中的相关事宜进行说明，合同编写完成要交给物资使用部门复核，确保采购物资与所需物资一致，然后由部门领导签字确认。

企业仓储部根据企业物资的现有存货量，确定需要购进的物资数量并填写请购单，然后交采购部、财务部及主管领导根据审批权限进行审批，审核无误后实施采购。物资在运输到企业后，由企业仓储部进行验收，然后相关物资使用部门进行二次验收，最终入库，如图4-9所示。

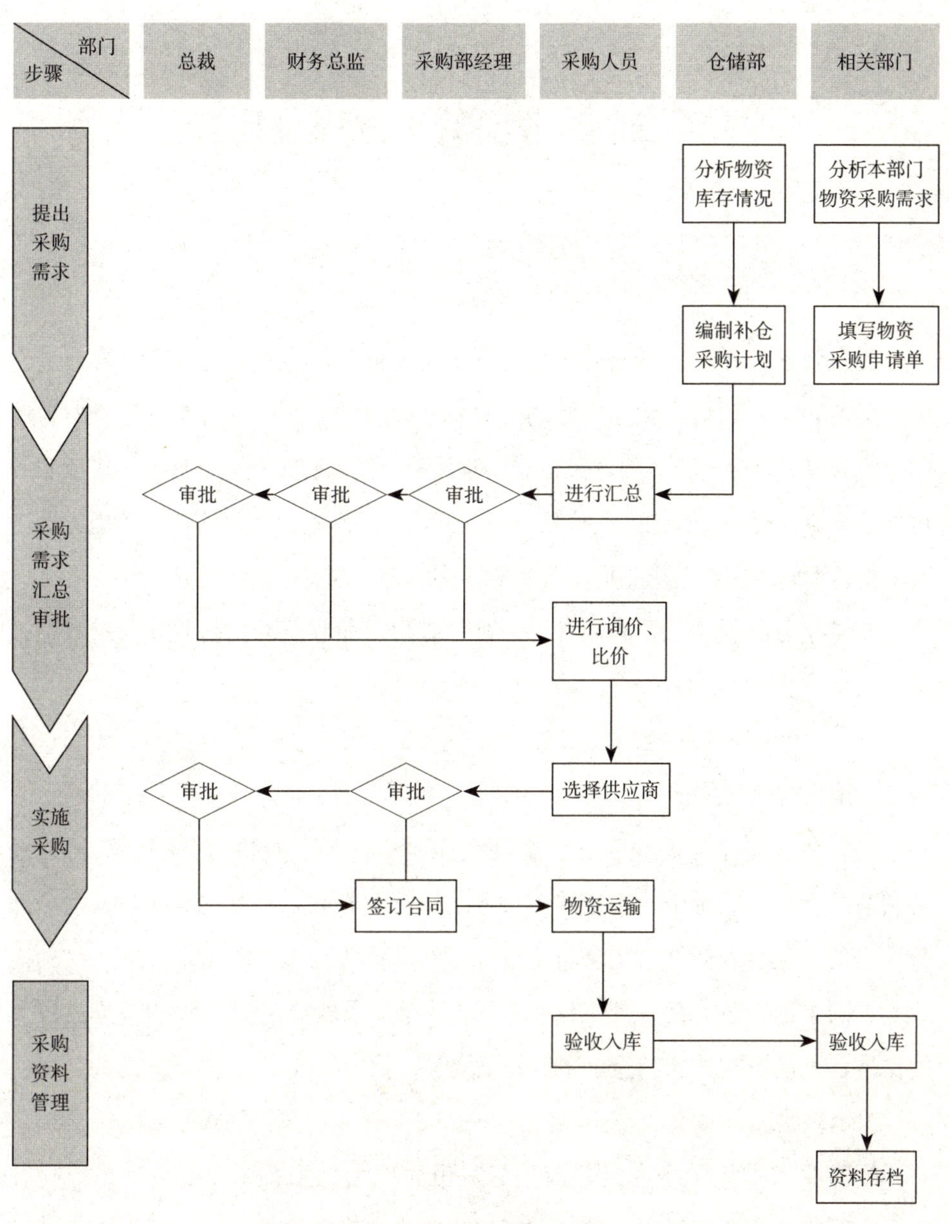

图 4-9　存货采购管理流程

第二节 收益管理流程设计

一、收益管理概述

收益管理，亦称“效益管理”或“实时定价”，是指企业在经营管理过程中为了使效益达到最大化而实施的针对企业收益的一系列管理技术。其对企业的市场需求进行分析，主要通过建立实时预测模型来确定企业最佳的销售或服务价格。收益管理的核心内容是价格歧视。所谓价格歧视是指对客户的需求类型进行分析，不同的客户需求不同，要针对不同对客户制定不同的价格。

旅游企业的收益主要有两种，一种是旅游企业经营的销售收入，一种是旅游企业对外投资的收益。

（一）销售收入管理

1.销售收入的构成

销售收入是指旅游企业在经营活动中销售商品、提供劳务等所取得的经济利益的流入。旅游企业销售收入可分为主营业务收入和其他业务收入两个部分。主营业务收入通常是指来自主要经营活动的收入，如旅游企业的产品销售收入、门票销售收入都是其主营业务收入，它们在旅游企业营业收入中占较大的比重，直接影响着旅游企业的经济效益。

2.销售收入的意义

销售收入是旅游企业经营成果的货币表现，是旅游企业的一项重要财务指标。对旅游企业来说，及时地取得销售收入具有重要意义。

首先，及时取得销售收入是保证旅游企业再生产过程正常进行的重要条件。旅游企业及时将服务项目销售出去并取得销售收入，表明旅游企业的商品、服务的价值和使用价值已经实现。

其次，及时取得销售收入是旅游企业实现盈利的前提。销售收入减去销售成本及各项费用和支出就是旅游企业的盈利，只有及时取得销售收入旅游企业的盈利才能实现。

最后，及时取得销售收入是加速资金周转的重要环节。旅游企业取得销售收入意味着旅游企业的资金从成品资金形态又回到货币资金形态，完成了资金的一次循环。销售收入实现越及时，资金周转速度就越快，资金利用效果也就越好。

3.销售收入预测及计划

根据旅游企业的特点，为了避免经营的盲目性，增加旅游企业的综合收益，在管理过程中必须做好销售预测工作，编制科学合理的销售计划。销售预测是旅游企业经营管理中的一个非常重要的环节，做好销售预测工作也是后续相关工作顺利开展的前提。企业在做销售预测工作的过程中要充分考虑市场环境的变化和特点，比如节假日旅游人数和平时相比肯定不同，应尽可能精确地预测所有可能发生的事件，根据具体的市场情况编制销售计划。在实施销售计划过程中市场有可能会发生变化，跟销售预测不一致，这时要及时调整计划，顺应市场变化，以使企业收益最大化。

（二）投资收益管理

1.投资收益概述

投资收益是指企业对外投资所获取的收益，包括投资过程中取得的利润、股利和债券利息等，即投资过程中投资者所获得的报酬。在投资过程中有可能取得投资收益，也有可能遭受损失，如果投资期限内投资的回收额小于投入的金额，那么这项投资就为投资损失。

投资收益与投资损失之间的差额为企业投资所获取的净收益。随着企业自身管理能力的提升及整个资本市场的不断完善，投资活动也慢慢成为企业的主要经营活动。因此，投资收益虽不是企业生产商品或者提供劳务所获取的收益，但也逐渐成为企业利润的重要来源，而且在整个企业利润中的比重也随着市场的不断发展和完善而增大。

2.投资收益分析

①普通股每股净收益，是企业年度总的收益与发行在外的普通股股数的

比值，反映企业发行在外的每股股票所取得的收益。其计算公式为：

普通股每股净收益＝净利润/发行在外的加权平均普通股股数

如果企业没有发行优先股，则普通股每股净收益是企业每股股票获利能力的一种体现：每股净收益越高，说明企业发行的每股股票获取的利润越多，相对应企业股东获取的投资收益就会越高；每股净收益越低，说明企业发行的每股股票的获利能力较差，相对应企业股东获取的投资收益就会越低。

②股息发放率，是普通股每股股利与普通股每股净收益的比值。其计算公式为：

股息发放率＝（每股股利/每股净收益）×100%

这一指标反映出企业股东在企业净收益中获取的份额，指标值越高说明企业对股东发放的股利越多，反之则越少。

③普通股获利率，是普通股每股发放的股息与普通股每股市场价格的比值。其计算公式为：

普通股获利率＝（每股股息/每股市价）×100%

普通股获利率是反映企业普通股股东当期股息获利率的指标。在运用该指标对股东的股息获利率进行分析时，每股市价应该采用投资者最初购买股票时的价格；如果指标用于即将投资的股票，则应该选择股票当时的市场价格。这样既可以反映股票的股息获利率，也能够反映出发行股票的机会成本。

④本利比，是普通股每股市场价格与每股股息的比值。其计算公式为：

本利比＝每股市价/每股股息

本利比是普通股获利率的倒数，反映企业目前每股股票的市场价格与每股股息的比值，通常用来分析股票价格是否合理或者被高估，以及股票有没有投资价值。

⑤市盈率，是企业发行的股票每股市价与每股税后净利的比值，亦称本益比。其计算公式为：

市盈率＝每股市价/每股净利

这一指标反映了企业股票成本收回的时间，指标值越大说明企业收回发行股票成本的时间越长，指标值越小说明收回成本的时间越短。

⑥投资收益率，是企业投资收益占投资总额的比值。其计算公式为：

投资收益率＝［投资收益 /（期初长、短期投资＋期末长、短期投资）÷2］×100%

该指标反映企业投资的获利能力，指标值越大说明资金的获利能力越强，指标值越小说明资金获利能力越差。

⑦每股净资产，是企业净资产与发行在外的普通股股数的比值。其计算公式为：

每股净资产＝净资产 / 发行在外的普通股股数

企业净资产是企业资产总额减去负债总额的值，在数值上与企业的所有者权益相等。这一指标反映企业每股普通股所享有的权益。投资者通过这一指标来了解在企业中享有的权益，该指标值越大说明每股股票享有的权益越大，反之则越小。

⑧净资产倍率，是企业发行在外的每股股票的市场价值与每股净资产的比值。其计算公式为：

净资产倍率＝每股市价 / 每股净资产

这一指标反映了股票在市场上转让流通的价格与每股净资产的比值。通过这一指标可以判断股票的市场价格相对于每股净资产是否被高估：指标值越大说明该股票的投资价值越小，股价获取的支撑较小，投资风险较大；指标值越小说明企业股票的市场价值与每股净资产越接近，企业股票的投资价值越高，股价有较好的支撑，投资风险较小。这一指标也被投资者用来判断股票的投资价值。

3.投资收益的核算

投资收益这一科目主要用来核算旅游企业根据《企业会计准则》中的长期股权投资准则确认的投资收益或投资损失。

旅游企业对投资性房地产对外出租的收益、日常的收益及处置收益都应该根据投资性房地产准则的规定采用公允价值模式计量，公允价值变动计入公允价值变动损益，在对投资性房地产进行处置时要根据会计准则计入其他收入。旅游企业的交易性金融资产、交易性金融负债、可供出售金融资产在进行处置时所产生的损益，也在其他收入科目进行核算。持有至到期投资在处置时产生的损益，也是通过其他业务收入科目进行核算。

4.投资收益的主要账务处理

①长期股权投资按照成本法进行核算。在成本法下，投资方一般情况下不对长期股权投资的账面价值进行调整，长期股权投资按照初始确认成本进行记录和计量。当被投资企业宣告发放现金股利时，投资方要按照应该享有的份额计算应收股利，借记“应收股利”科目，贷记“投资收益”科目；如果是投资企业收到的被投资单位在取得投资前实现净利润的分配额，则应该冲减长期股权投资的成本，贷记“长期股权投资”科目。

②当投资方对外出售长期股权投资时，要按照实际收到的金额，借记“银行存款”科目，贷记“长期股权投资”科目。如果企业在持有长期股权投资过程中计提了减值准备，则应借记“银行存款”和“长期股权投资减值准备”科目，按照长期股权投资的账面余额，贷记“长期股权投资”科目，如果还有尚未领取的股利，则借记“长期股权投资”科目，贷记“应收股利”科目。

投资收益是旅游企业赖以生存和发展的经济利益流入的主要来源，也是衡量旅游企业生存发展能力的重要指标，旅游企业的外部投资人、债权人，以及企业内部的管理者都非常关注企业的盈利能力。收益管理是企业盈利能力提升的重要组成部分，如果企业收益管理成效显著，则整个企业的盈利能力也会得到提升，反之盈利能力就会下降。

5.收益管理的作用

收益管理在企业财务管理中占有非常重要的位置，根据国外学者的研究，适度的收益管理对于企业来讲是非常有利和必要的。如美国企业通过实施“收益均衡化”对企业利润进行管理，目的是提高股东的满意程度，从而达到使经营者提高福利的目的。收益管理的作用主要体现在以下几个方面：

（1）收益管理能够促进企业更加有效地提升经济效益

在我国目前的资本市场环境下，利润是衡量一个旅游企业经济效益好坏的首要指标，而收益是利润增项的主要组成部分。同时利润也能够反映出企业整体的经营成果，而且能够体现出企业对社会的贡献。

（2）收益管理是企业相关政策法规制定的依据

旅游企业经营的目的就是通过经营管理获取收益，实现企业价值的收益管理是企业管理的主线，为企业相关政策的制定提供依据和目标，企业的绩效考核也是紧紧围绕收益管理来制定和实施的。

（3）收益管理可以向外部利益相关者提供有用的信息

收益管理可以使外部利益相关者更加了解企业的经营目标，使外部利益相关者能够更加深入地了解企业的经营状况。

（4）收益管理可以促进企业战略目标的改进和实现

适度的收益管理能够促进旅游企业不断成长和发展壮大，促进企业员工整体素质和能力的提升，有利于旅游企业的可持续发展。

二、收益管理制度设计

（一）收益管理制度设计目标

1.保证旅游企业收益能够及时足额收回

收益的收回是旅游企业收益管理过程中最为关键的一点。如果旅游企业的收益无法按时足额地收回，其经营就会受到影响，获利也就无法实现。旅游企业只有加强收益的及时足额收回，才能保证收益管理的顺利进行。

2.保证收益分配的合理合法

收益分配是收益管理中一项重要的内容。旅游企业对实现的收益进行合理合法的分配是其重要的管理工作，只有收益分配合理，才能更好地加强旅游企业的凝聚力。

（二）收益管理制度设计要求

1.建立健全职责分工与授权审批制度

旅游企业应当建立岗位责任制，明确相关部门的责任权限，确保不相容的岗位相互分离、制约和监督。

2.加强收益的日常管理和控制制度

收益的管理应该有完整的管理制度和内部控制制度，因此要加强收益的日常管理和控制制度。

（三）收益的日常控制设计

为了完成销售收入计划，旅游企业应根据年度销售收入计划，正确编制和执行月度销售收入计划，加强销售收入的日常控制。销售收入的日常控制一般由旅游企业的销售部门和财务部门共同负责，主要应做好以下两方面的工作。

1.加强销售合同管理

在旅游企业经营过程中，接收零散的客户是企业重要的经营活动，除此之外还会接收比较集中的服务，比如接收企业组织的观光旅游项目以及大型的会议服务等。销售合同是旅游企业在日常经营过程中向其他单位提供服务销售活动而签订的具有法律效力的契约。合同对双方在服务项目中分别享有的权利、承担的责任与义务等作出明确规定，比如提供服务的级别、价格、支付方式等等。为了使服务等计划更加具体化，双方应及时签订销售合同。在合同签订过程中，旅游企业的相关财务部门要配合销售部门做好对合同内容的审核工作，例如签订的合同在经济上是否有利，销售价格和结算方式是否合理，违反合同应负的经济责任有无明确规定等。销售合同签订后必须严格执行，按合同要求组织提供服务。企业管理部门要对合同的执行情况作全面系统的检查，旅游企业要派专门人员对销售合同进行管理，在管理过程中要设置“销售合同执行情况登记簿”，用来记录每项合同的编号、订货单位、服务名称等内容。这个合同管理登记簿有利于企业对合同的执行情况有全面的了解。如果发现有违反销售合同的情况，应及时查明原因，并采取相应措施提高合同履约率。

2.加强销售结算管理

按照做好的收入计划，根据合同具体内容执行完成后，应即时结算款项。款项由业务部门按照合同收取后交由财务部门管理。在托收承付结算方式下，服务发出后，销售部门应及时将发票等凭据送交财务部门，以便财务部门及时向银行办理托收手续，如果购货单位未能按期付款，应查明原因并及时处理。

采用汇票、本票等结算方式的，应在票据有效期限内，及时到银行办理转账结算。采用赊销或分期收款结算方式的，应按照谁赊销谁收款的原则建立货款回收责任制。在合同执行过程中，要及时收回款项，无论对方采用哪种还款方式必须做到不拖欠。

（四）收益分配制度设计

1.收益分配的基本原则

旅游企业收益分配的去向主要有两方面：一是为投资者分发股利，二是将企业的剩余利润即留存收益用于企业再投资。企业在收益分配过程中主要是确定净利润在这两方面的分配比例。收益分配比例非常重要，一方面，它会影响企业相关各方利益体，如果不能科学合理地分配，各利益体之间就会产生矛盾，不利于企业的发展；另一方面，它会影响企业的投资及筹资等重大决策。为合理组织旅游企业财务活动和正确处理财务关系，旅游企业在进行收益分配时应遵循以下几项原则。

（1）依法分配原则

旅游企业在收益分配过程中要依法操作，这样可以保证企业各利益相关者能够得到科学合理的分配额度。在利润分配之前，首先要依法及时、足额地缴纳所得税，同时要按照《中华人民共和国公司法》等法规的相关规定，按照正确的分配项目和顺序进行分配。

（2）兼顾各方利益原则

企业是“多边利益的集合体”，在进行收益的分配时应充分考虑和权衡各方的利益。企业各利益主体只有在收益分配过程中得到合理公平的分配，才能够团结一致为企业发展形成合力，企业才能够得到更好的发展与拥有更好的凝聚力和内在活力。收益如果不能科学合理地分配，则各利益主体之间会产生矛盾，不利于企业的发展。因此，企业在进行利润分配时要秉持全局观念，兼顾各方利益。

（3）积累与分配并重原则

旅游企业在进行收益分配过程中，既要考虑其长远利益，又要兼顾近期利益：只注重长远利益而忽略近期利益，则会打击职工积极性；只考虑近期利益不顾及企业长远发展，则会损害企业可持续发展。企业只有做到科学、合理、公平地进行收益分配，坚持分配与积累并重的原则，企业各利益群体才能团结一致，实现上市公司和各利益群体的双赢。要提高企业可持续发展能力，应优先考虑旅游企业积累，并兼顾投资者的利益。

（4）投资与收益对等原则

旅游企业在进行收益分配时应该按照“谁投资谁受益”原则执行分配：投资者投资比例越大，则收益相应越多，反之则越少。投资与收益相匹配，有利于平衡各投资者之间的关系，也是科学合理公平分配的体现，这样才能从根本上保护投资者的利益，吸引更多投资者对企业进行投资，也有利于企业诚信的建立。

（5）盈亏自负原则

旅游企业当年经营实现的负盈利即发生的亏损，由企业自行承担，并用以后年度利润进行弥补。市场经济条件下企业必须盈亏自负，这也是企业收益分配的重要原则之一。

2.收益分配程序设计

对股份公司的收益分配，有关法律、法规都有明确的规定，旅游企业在收益分配过程中要依法操作，这样才能保证企业各利益相关者能够得到科学合理的分配额度。

按照《中华人民共和国公司法》等法律、法规的规定，企业在进行利润分配之前，首先要依法及时、足额地缴纳所得税，同时按照正确的分配项目和顺序进行分配：

（1）弥补以前年度亏损。如果前期有未弥补的亏损，则本期实现的利润应先弥补以前年度的亏损。

（2）提取法定公积金。法定公积金按照净利润扣除弥补以前年度亏损后的10%提取，法定公积金达到注册资本的50%时可不再提取。法定公益金按当年净利润的5%提取，主要用于职工住宅等集体福利设施支出。

（3）提取任意公积金。任意公积金按照公司章程或股东会议决议提取和使用，提取任意公积金的目的是控制向投资者分配利润的水平以及调整各年利润分配的波动。

（4）向投资者分配利润或股利。净利润扣除以前年度的亏损及提取的盈余公积后，形成本年度未分配利润，再加上以前年度的未分配利润，构成了企业可供普通股分配的利润。企业要按照同股同权、同股同利的原则，向普通股股东分配股利。如果企业当年没有实现利润，不能够向股东发放股利，但企业为维护公司信誉，防止股价大幅波动，当年在用公积金弥补其亏损后可按照不超过股票面值6%的比率向股东分配股利，但要保证企业留存的法定公积金不得低于注册资本的25%。

3.股份公司股利支付程序设计

企业向股东分配股利需要经过一定的流程，流程包括股利宣告日、股权登记日、除息日和股利支付日。

（1）在股利宣告日，董事会会宣告企业指定的股利支付情况。公告内容包括企业发放股利的具体情况，如每股股利、股权登记日、除息日和股利支付日等事项。在我国，企业一般情况下是一年发放一次股利，一般在年末发放。

（2）在股利政策公布之后有权领取股利的股东需要进行资格认证登记，股权登记日就是股东认证登记的截止日期。股东可以在证券交易所的中央清算登记系统中进行相应的股权登记。

（3）除息日，指领取股利的权利与股票相互分离的日期。在除息日前领取股利的权利和股票是一体的，谁持有股票谁有权领取股利；从除息日开始，领取股利的权利与股票分离，新购入股票的股东没有权利领取股利。一般情况下，除息日之前购买的股票价格会高于除息日之后购买的股票价格，其原因是除息日之前购买的股票价格包含股利。

（4）股利支付日，即企业向股东发放股利的时间。

三、收益管理流程设计

旅游企业收益来源主要有自营业务收益及对外的投资收益两种，其中自营业务收益有景点的收益、酒店的收益等，对外的投资收益主要是对外的一些长期股权投资或短期投资的收益。

（一）自营业务收益管理流程设计

（1）旅游企业要根据企业及市场情况制订年度销售计划。年度销售计划报总裁进行审核批准后下达执行；销售部门要将年度销售计划进一步分解细化，形成月份销售计划。

（2）旅游企业要不断强化市场调查，确定科学合理的定价机制。销售策略应该紧密联系市场，如果市场发生变化，销售策略要及时调整。

（3）在对产品进行定价时要综合考虑旅游企业各方面的因素，结合企业的财务目标、销售计划、成本、市场环境及竞争对手情况等合理制定产品的基准价格，并定期评价产品基准价格是否合理。

（4）旅游企业在签订销售合同前，应对客户的具体情况做深入的调查，充分掌握客户的资信情况；在签订合同时，要对销售过程中的销售定价、结算方式、运输费用的承担、保险、权利与义务条款等相关内容制定明确的条款。如果涉及比较重大的销售业务，在谈判过程中要有财务人员及法律人员参加，并对谈判内容进行详细记录 。要制定科学合理的合同订立及审批制度，并严格按照制度执行。

（5）根据企业制定的销售政策，选择合适的结算方式进行结算，加快款项回收，提高资金周转率，加快营运资金的周转速度。

（6）强化票据管理 ，制定专门的票据管理制度。在结算过程中要对票据的真实性、合法性进行严格审查，防止出现票据欺诈行为；票据保管由专人负责，定期核对，即对到期的应收票据要加强管理，及时办理托收；对票据贴现、背书的审批应当恰当。

（7）企业销售过程中收取的现金、票据等要及时送存银行，按要求登记入账，任何人不能坐支现金。

（8）销售过程中要与客户进行沟通，建立相应的沟通机制，及时掌握客户的动向及对企业提出的问题，并及时作出反馈，不断提升服务质量，提高客户满意度和忠诚度。

销售收益管理流程如图4-10所示。

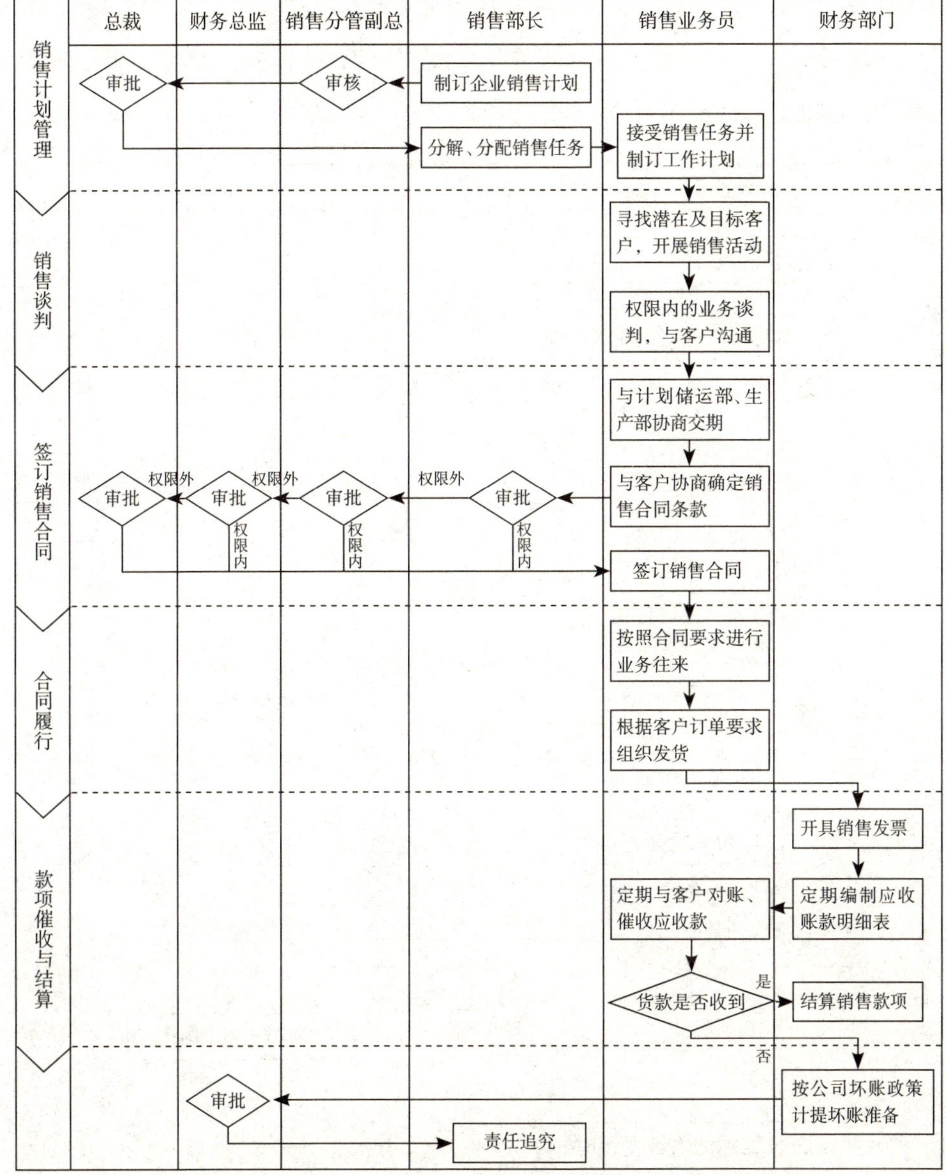

图 4-10　销售收益管理流程

（二）对外投资收益管理流程设计

在被投资单位宣布发放股利时，旅游企业要对其对外投资收益填写投资收益明细表，报给被投资单位审核，也报给本单位财务部门进行入账。旅游企业收到被投资单位股利发放通知时，首先要确定是股票股利还是现金股利：如果是现金股利，则需要交给旅游企业财务部门按照现金管理办法进行管理；如果是股票股利，旅游企业应该按照相应的制度对投资收益进行管理。投资收益管理流程如图4-11所示。

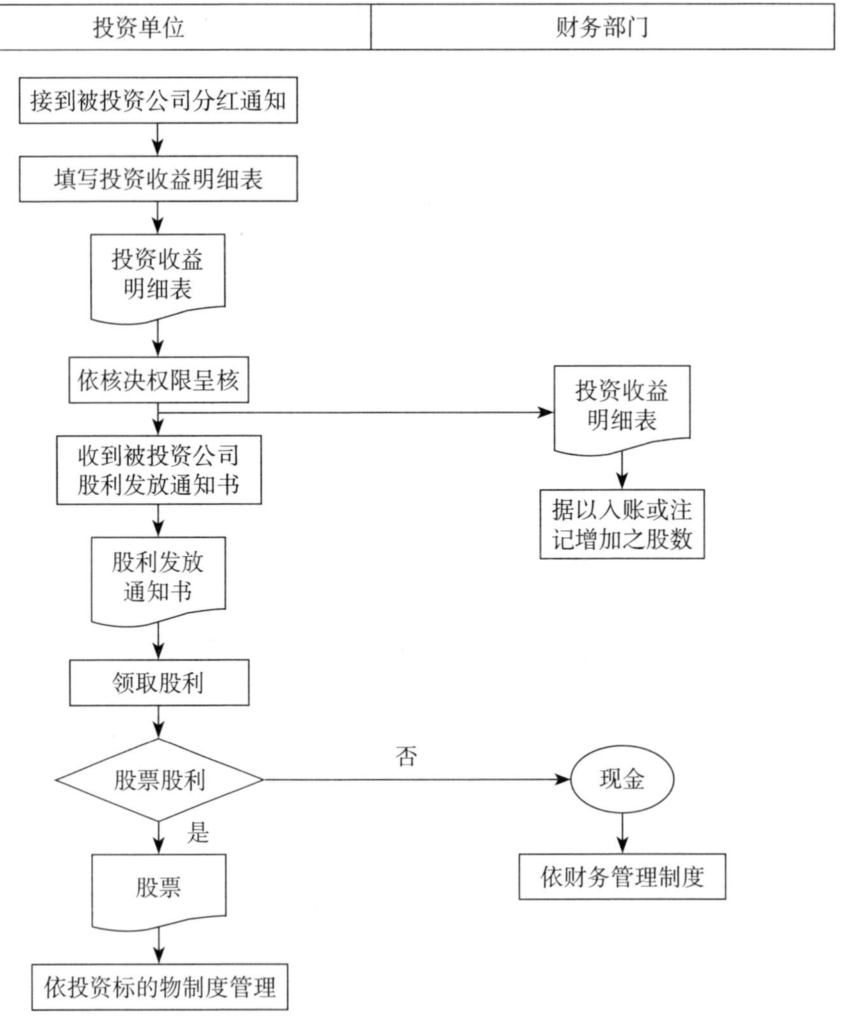

图 4-11　投资收益管理流程

第五章
财务管理制度中报告环节流程设计

第一节　财务报告管理流程设计

一、财务报告概述

财务报告是反映一个企业财务状况、经营成果、现金流量的书面文件，包括企业的资产负债表、利润表、现金流量表、所有者权益变动表、附表及会计报表附注、财务情况说明书。一般国际或区域会计准则都对财务报告有专门的独立准则。

（一）资产负债表

资产负债表是反映企业（以旅游企业为例）在某一特定日期（年末、季末、月末）财务状况（全部资产、负债和所有者权益情况）的会计报表。

1.资产负债表的理论依据

资产负债表的理论依据为会计恒等式：资产＝负债＋所有者权益。

2.资产负债表的基本结构

资产负债表分为左右两边，左边为资产，右边为负债和所有者权益。资产按照流动性进行排列，反映企业日常的经营状况；负债及所有者权益按照偿付性进行排列，反映企业的权益状况。资产总计等于负债和所有者权益合计。

3.资产负债表的作用

（1）资产负债表中的资产项目，反映企业拥有的各种经济资源及其分布。

（2）资产负债表中的负债项目，反映企业的偿债能力，根据偿债能力可以了解企业的财务风险状况。

（3）资产负债表中的所有者权益项目，反映企业投资者在本企业中享有的权益，通过所有者权益项目能够了解企业的财务实力。

通过资产负债表可以了解旅游企业财务状况，预测其发展前景。

（二）利润表

利润表是反映旅游企业在一定期间的经营成果及分配情况的报表。

1.利润表的理论基础

利润表的理论基础：收入－费用＝利润（或亏损）。

2.利润表的基本结构

利润表可分为单步式和多步式。多步式利润表以收入为计算起点，扣除主营业务成本，再加其他业务收入，减去其他业务支出，得到营业利润；再加投资收益、营业外收入，减营业外支出，得到利润总额；再扣除企业所得税，得到企业净利润。

3.利润表的作用

多步式利润表能够体现企业利润总额的形成过程，能够揭示出利润各构成要素之间的内在联系；可以使报表使用者评价旅游企业盈利状况和工作成绩；有利于企业利益相关者分析预测旅游企业的盈利能力。

（三）现金流量表

现金流量表是以收付实现制为基础编制的财务报表，其动态地说明旅游企业某一会计期间各种活动产生的现金流量情况。

现金流量表的主表按以下顺序列示：①经营活动现金流量；②投资活动现金流量；③筹资活动现金流量；④汇率变动影响；⑤现金及现金等价物净增加。

补充资料包括三方面内容：不涉及现金的投资及筹资活动；将净利润调节为经营活动现金流量；现金及现金等价物期初数和期末数。

（四）会计报表说明

会计报表说明指企业针对会计报表及相关财务指标执行情况做出的分析总结，其以书面报告的形式呈现，内容包括会计报表中或指标分析中使用的主要会计方法的说明、财务报表的分析说明及企业财务情况说明书。会计报表的格式和内容在一定程度上是固定的，其所提供的信息是一些量化信息，在编制财务报表时，各项信息的录入必须符合会计要素的确认标准。因此，会计报表反映的会计信息具有一定的局限性，这就要求在编制会计报表的同时，还要根据财务报表编制会计报表说明。

1.财务报表的分类

财务报表的分类主要是指会计报表的分类。会计报表可按以下标准进行分类：

（1）按照所反映的经济内容不同，分为静态会计报表和动态会计报表。静态报表是指反映企业某一特定日期财务状况的报表，如资产负债表；动态报表是指综合反映企业某一特定期间的经营成果或现金流量情况的报表，如利润表、现金流量表。

（2）按照报送对象的不同，分为内部报表和外部报表。内部报表主要是为企业内部管理层提供决策依据，为内部管理服务而编制的报表。内部报表不对外公开，因此在格式上也就没有严格的编制要求。外部报表主要是为了满足企业利益相关者的要求，帮助企业利益相关者了解企业财务信息，进而帮助他们作出正确决策而编制的财务报表。外部报表因为要统一对外公布，因此具有统一的格式及编制要求。

（3）按照编报单位的不同，分为单位报表和合并报表。单位报表是企业根据自身的经济业务，在会计核算的基础上，根据日常业务的核算及账簿记录而编制的会计报表；合并报表是指以母公司为编报主体，以各子公司的个别财务报表为依据，以整个企业集团的母公司及所有子公司为报告主体，反映整个企业集团综合财务状况、经营成果及现金流量的会计报表。

（4）按照编报时间的不同，分为月报、季报、半年报和年报。月报在编制时应简明扼要、符合及时性要求；年报在编制时要完整、全面地反映企业综合财务状况；季报和半年报在编制时要求的会计信息的详细程度介于月报和年报之间。半年报、季报和月度财务会计报告统称为中期财务会计报告。

2.编制程序和质量要求

企业会计报表要根据核对无误、登记完整的会计账簿记录及其他相关资料编制，确保财务报表数字真实、计算准确、内容完整、说明清楚。任何人不能够随意篡改或者授意、指使、强令他人篡改财务报告数字。这些是编制财务报告时应该遵循的程序和质量方面的最基本要求。

（1）数字真实。财务报告反映出来的情况应该与企业真实的财务状况和经营成果相一致。会计资料要真实反映企业的经济活动，在会计记录过程中要依据合法的会计凭证，会计的计量、记录和确认过程要符合国家统一的会计制度及相关法规；财务报告在编制过程中要依据登记完整、核对无误的会计记录以及其他有关资料。在编制财务报告过程中不能有弄虚作假、隐瞒财务状况的行为。

（2）计算准确。编制出的会计报表表内各项目之间、报表之间要相互衔接，编报期报表与前期报表之间的相关数据要相互衔接，任何人不能擅自修改财务报告数据。

（3）内容完整。在编制财务报告过程中，要按照国家统一会计制度规定对财务报告的内容进行反映和编制，财务报告的内容要能够为企业利益相关者提供有用的信息，报表内项目不能够任意增减或者更换更改。

（4）说明清楚。财务报告要通过财务状况说明书对编报期间的重要会计事项进行准确、简明扼要的说明，如会计方法的变更、报表内的综合项目构成说明等。财务报告说明为会计报告使用者提供了更加详细的会计信息，增强了会计信息使用者对财务报告的理解和掌握。

3.财务报告的格式和编制依据

财务报告的格式和编制依据都是按照国家统一会计制度规定进行制定的。从日常业务的实际情况来看，财务报告很少在格式方面出现问题，普遍的问题出现在编制依据方面。在编制财务报告过程中存在为了达到某种目的人为篡改或者伪造财务报告数据的问题，也存在技术性方面的问题。

在企业编制财务报表之前，要按照相关规定调整有关事项。调整事项是指在将本期所发生的经济业务按规定登记入账的基础上，需要以转账凭证方式记录和结转方式进行处理的经济业务，具体包括以下几项：

①在会计记录当期应记录的各项收入，如应计银行存款利息、债券利息等；

②本期应缴的税费、借款利息及应该计提的各项成本费用；

③本期待处理的财产损益；

④清理债权债务的往来款项；

⑤计算结转有关生产和销售成本；

⑥按规定计算、分配、结转应分配的利润；

⑦结转所属报账单位应报清的本期账务；

⑧结算对外投资应计的收益；

⑨结清其他应查对、调整的事项。

二、财务报告管理制度设计

（一）财务报告管理制度设计的总体目标

（1）在会计核算和财务报告编制过程中严格遵守会计法律法规和国家统一的会计准则。

（2）明确财务报告工作流程和相关要求，保证财务报告的合法合规、客观完整和有效利用。

（3）加强对财务报告编制、对外提供和分析利用全过程的管理。

（4）加强对基础工作的管理，杜绝虚假信息。

（二）财务报告流程

财务报告流程由财务报告编制、财务报告对外提供和财务报告分析利用三个阶段组成。

财务报告的编制流程为：选择和制定会计政策，取得、填制和审核原始凭证，取得、填制和审核记账凭证，登记会计账簿，成本计算，清查资产、核实债务，对账、结账，编制会计报表。

（三）财务报告编制阶段主要管理制度内容

1.建立健全旅游企业基础管理制度

基础管理制度包括：资金管理制度、采购与付款循环管理制度、销售与收款循环管理制度、存货管理制度、固定资产管理制度、预算管理制度、成本费用管理制度、岗位责任制度。

2.制定会计核算办法

根据《企业会计准则》或企业会计准则体系等制定旅游企业的会计核算办法。

（1）选择符合国家规定、适合企业的会计准则制度，如《小企业会计准则》、企业会计准则体系。

（2）企业根据自己选择的会计准则及相关制度制定适合本企业的会计核算办法，核算办法要对本企业三大财务报表各项目的核算确认、计量、列报方法进行详细规定。

（3）如果企业存在重大事项，需要进行专业判断，则要明确相应的授权审批方式。

3.制定会计基础工作管理办法

根据《会计基础工作规范》制定本旅游企业的会计基础工作管理办法。

（1）做好会计机构设置、会计人员配备，规范会计人员职业道德、会计工作交接等工作。

（2）会计凭证的填制和审核。

（3）登记会计账簿。

（4）账务处理程序：科目汇总表账务处理程序、汇总记账凭证账务处理程序、记账凭证账务处理程序。

（5）结账、对账：企业在每个会计期间的期末要确保当期的所有经济业务已经全部入账，做到定期结账，并按要求对账，保证账证相符、账账相符、账实相符。

（6）编制财务报告。

（7）会计档案：企业对于会计记录及相关材料要按照《会计档案管理办

法》进行归档保管。

（8）会计监督：企业的财务部门要对企业经济活动进行会计监督。核算和监督是会计的基本职能，只有做好会计监督才能确保会计信息质量。

4.制定内部审计制度

制定科学的内部审计制度，通过内部审计定期对相关记录进行审核，保证会计信息的真实性、合法性。

5.财务报告编制方案

企业在编制财务报告之前要制定财务报告编制方案，目的是指导和规范财务报告的编制。在财务报告编制方案中要对财务报告的编制方法、编制程序、职责分工、编报时间安排等相关内容作出明确的规定。

（1）企业的会计政策要与国家的法律法规一致，当相关法规政策作出调整时企业的会计政策也要及时更新，确保和最新的政策法规接轨。企业应该有专门的人员关注相关法律法规政策变动情况，确保企业能够及时掌握相关法律法规的变动情况，及时对本企业的会计政策作出调整。

（2）企业对会计政策进行调整时，要按照规定的审批程序进行。

（3）企业财务报告流程、年报编制方案由财务负责人审核后才能生效。

（4）企业要建立完备顺畅的信息沟通渠道，确保企业内部制定的相关政策、制度、流程等信息能够及时有效地传达，保证相关人员能够及时了解自身的职责权限，促进企业政策规定有效执行。

（5）企业的总会计师对财务工作进行组织领导，财务部门编制财务报告，各相关部门要按照财务部门的要求提供真实完整的财务信息。

6.重大事项的会计处理制度

企业财务部门在编制财务报告前，要对企业的重大事项进行界定并确定会计处理方法。

（1）企业要对重大事项重点关注。企业涉及的重大事项包括以前年度相关事项对当期会计处理的影响、会计准则制度的变化及对财务报告的影响、新增业务和其他新发生的事项及对财务报告的影响等。要针对企业的这些重大事项规定相应的会计处理流程，并在其审批后执行。

（2）如果企业存在需要专业判断的重大会计事项，应该及时与相关人员进行沟通，明确会计处理方法。企业的相关下属部门应与财务部门保持信息畅通，对于部门发生的重大事项应及时向财务部门汇报。财务部门应定期研究、分析并与相关部门组织沟通重大事项的会计处理，审批后执行。对于涉及企业资产减值的计提、资产公允价值变动的调整等事项，要及时与资产管理部门进行沟通。

7.清查资产核实债务制度

企业在编制财务报告前，要对企业的资产和负债进行核对和审查，包括资产的减值测试、债权债务的核实等相关工作。

（1）对企业资产清查、负债核实工作进行安排。安排内容包括清查核实时间、人员、具体方法、流程。

（2）根据工作安排对资产、负债进行清查、核实。

第一步：将企业的现金及银行存款相关账簿与银行对账单核对，并对库存现金实施盘点。

第二步：核对企业往来账项，往来账项包括企业的应收款项、应付款项、应交税金等，核对主要往来账项是否真实存在、与对方单位记录的金额是否一致。

第三步：核查各项存货是否账实相符、是否存在报废的存货等。

第四步：对企业挂账的投资进行核实，检查投资的账项处理是否符合国家统一的规定。

第五步：对固定资产进行核实，检查是否账实一致。

第六步：对企业在建工程进行核实，检查是否账实相符。

（3）清查过程中如果发现清查项目存在差异，应查明原因并及时处理，将清查、核实的结果及其处理办法向相关管理部门汇报，并按照会计准则制度对清查中存在的差异进行相应的会计处理。

8.结账、关账制度

企业在日常工作过程中要定期核对账簿，发现错误要及时进行错账更正，确保企业在编制财务报告前能够及时关账。

（1）结账之前要核对会计账簿与会计凭证是否一致。在核对过程中主要看记录的经济业务内容是否相符，金额、记账方向是否准确一致。

（2）检查账务处理是否合规。结账之前检查相关账务处理与会计准则要求是否一致，本企业制定的会计核算确认方法是否被执行。

（3）核算企业当期的收入和费用是否计算准确。对本期应计的收入和费用要进行合理的登记和核算。根据会计信息质量中谨慎性要求的规定，企业不能够高估资产和收益，不能够低估负债和费用，因此在编制财务报表之前，企业应该对资产和负债、收入和费用进行准确的评估和核算。如果确定资产的账面价值大于市场价值，则要按照要求对相应资产计提减值准备，例如应收账款的坏账准备、存货的存货跌价准备、无形资产减值损失等。对于企业的收入和费用要按照准则要求进行登记，该计入本期的收益和费用要在本期进行确认计量，不能在本期进行登记的收益和费用要按照要求在以后各期进行确认或者摊销。

（4）检查企业的相关调整事项的会计处理。检查企业是否存在以前期间或者本期的调整事项。如果存在调整事项，则在进行调整处理之前应先经相关部门审核，然后进行调整，做到有据可依。

（5）按时关账和结账。企业在期末将所有本期业务处理完成，并经财务部门审核无误后，实施关账和结账。

企业不能提前结账。本期发生的经济业务要在本期处理，不能转到下一期处理。要先结账再编制财务报表，顺序不能颠倒。

9.编制财务报告制度

企业财务报告要依据审核无误的会计账簿及相关资料，严格按照会计准则的格式和内容要求进行编制，确保财务报表内容完整、数字真实、计算准确。

（1）财务报告的资产负债表中资产、负债、所有者权益数据要真实准确

企业财务部门不能够随意变更资产的计价方法，期末应合理地对资产的价值进行评估。如果资产的市场价值小于账面价值，则要对资产进行减值的计提，这也符合谨慎性的会计信息质量要求。

对于企业的负债要按照会计准则的要求进行确认，按照谨慎性的会计信息质量要求，企业不能低估负债，因此企业在对负债进行确认时不能虚减负债。

资产负债表中所有者权益是企业的剩余资产，等于资产减去负债后的余额，由实收资本、资本公积、留存收益等构成。企业在编制资产负债表时要确保所有者权益项目的真实性和准确性。

（2）财务报告的利润表项目要真实

按照会计信息质量的要求，企业不能高估资产和收益。因此，在对收入进行确认和计量的过程中，要遵循相关规定的要求，不能够虚增收入，也不能够隐瞒收入。收入的确认要按照权责发生制的原则，当期发生的收入不管是否收到款项都要按规定入账，不能提前或者推迟确认收入，不是当期发生的收入，即使当期收到款项也不能够确认收入。

对于利润表中成本费用的确认和计量要按照相关规定的要求进行，企业财务人员不能擅自更改成本费用的确认和计量方法。

利润的计算要严格按照规定方法进行：以营业收入为基础和起点，由营业收入减去营业成本，减去税金及附加，减去期间费用，减去资产减值损失，减去公允价值变动损失或者加上公允价值变动收益，减去投资损失或加上投资收益，加减营业外收支，减去所得税费用。在此过程中不能够为了使利润增加而随意虚增收入或者通过其他方式伪造利润。

（3）现金流量表中列示的项目由经营活动、投资活动和筹资活动的现金流量构成，在列示过程中要准确区分各个业务所属的项目。

（4）要按照相关程序编制财务报告

企业财务部门根据企业自身财务状况对财务报告的编制工作进行分工，保证财务报告内容完整。

在编制财务报告过程中要依据准确无误的会计账簿，确保财务报告项目与对应账户的对应关系准确无误，计算公式无误。

在编制完财务报告后要对其进行校验审核，包括对数据准确性进行核对、对有关项目之间的对应关系进行审查，还包括对报表前后勾稽关系、期末数与试算平衡表和工作底稿数据的一致性和准确性等进行核对审查。

（5）要按照国家统一的会计准则制度编制附注

财务报表附注是财务报告的重要组成部分，其作用是对旅游企业反映财务状况、经营成果、现金流量的报表中需要说明的重要事项进行说明。财务报表附注编制完成后，要检查核对企业的重大事项是否在附注中已经准确无误地反映。企业的重大事项包括企业的诉讼、未决事项、资产重组等。

（6）财务报告编制完成并审核完成后，财务部门负责人要对财务报告的内容和种类的真实、完整性进行审核。

（四）财务报告对外提供阶段的主要管理制度内容

1.财务报告对外提供前的审核制度

企业财务报告在编制完成后对外提供前，需要按照相关规定进行审核，审核内容包括：财务报告的准确性，这一审核由财务部门的负责人进行，审核完成后签名盖章；财务报告的真实和完整性、合法合规性，这一审核由总会计师或分管会计工作的负责人进行，审核无误后签名盖章；财务报告整体的合法合规性，这一审核由旅游企业负责人进行，审核无误后签名盖章。

（1）旅游企业在财务报告向外部公布之前，应严格按照规定的财务报告编制的审批程序，对财务报告的各项指标进行审核。

（2）旅游企业在审核过程中要保留审核记录，建立相关的责任制度。

（3）审核无误的财务报告在对外公布前要装订成册，加盖企业公章，企业各级负责人也要签字盖章。

2.财务报告对外提供前的审计制度

根据《中华人民共和国公司法》的规定，企业财务报告在对外公布之前应该依法请会计师事务所对其进行审计，在对外公布财务报告的同时也要对外公布本财务报告的审计报告。对企业财务报告进行审计的会计师事务所要具备相关法规规定的资格才能胜任审计财报的工作。因此，旅游企业在财务报告对外提供前，要按照相关规定选择具有相关职业资格的会计师事务所进行审计并提供审计报告。

3.财务报告对外提供管理制度

非上市公司的财务报告，经过相关责任人的审核并签字盖章后可对外公布；上市公司的财务报告，经过相关责任人的审核并签字盖章后，还要提交董事会和监事会进行审批，审批无误后才能对外公布。企业要将财务报告与审计报告一同对外公布，供外部会计信息使用者使用。

（1）明确提供对象

根据相关法律法规的要求，在制度制定过程中要明确说明财务报告提供的对象，即企业的财务报告要向谁提供，在提供过程中相关负责人应做好监督。

（2）企业对外提供的报表应保持一致性

企业的外部财务报告使用者有许多，企业报送的对象不同，有政府部门、银行机构、社会公众、债权人、投资者等。不同的财务报告使用者关注的角度不同，关注的问题也不同，但是无论使用者关注的角度是什么，作为提供财务报告的企业应该遵循实事求是的原则，提供真实的财务报告给所有利益相关者，不能弄虚作假。

（3）明确规定报送时间

企业财务报告在对外报送时，要符合会计准则对其报送时间的要求。企业内部应规定相关工作的完成时间节点，如编制报告时间节点、审核报告时间节点、报送报告时间节点等，督促相关人员按时完成相关工作，从而确保企业的财务报告能够按时对外报送。

（4）设置严格的保密程序

在财务报告对外报送过程中，企业要对接触财务报告信息人员的权限进行设置，以防止企业财务信息泄露。

（5）对外提供的财务报告要按照相关要求及时整理、按时归档、妥善保存。

三、财务报告管理流程设计

（一）财务报告编制管理流程设计

（1）企业的整体财务工作由财务总监负责安排，企业的会计主管对企业的日常财务工作进行安排，向财务总监汇报工作。

（2）企业应根据当期的财务状况编制下一期的财务预算。各部门根据自己的业务情况编制下一期的计划和预算，并在11月上交。财务部根据各部门的预算和计划编制出企业年度的总体财务计划和预算，并报相关部门和领导审核。

（3）财务部门每月向总经理及财务总监提交企业的月度财务报表。

（4）企业会计报表要根据核对无误、登记完整的会计账簿记录及其他相关资料编制，以确保其数字真实、计算准确、内容完整。任何人不能够随意篡改或者授意、指使、强令他人篡改财务报告数字。这些是编制财务报告时应该遵循的程序和质量要求。

（5）公司对外统一编报的财务报表包括资产负债表、利润表、现金流量表及各种附表。

（6）公司对外提供的财务报告应当依次编定页数，装订成册，加盖公章，并注明企业名称、报表所属年度或者月份、报出日期，并由旅游企业负责人和主管会计工作的负责人、会计机构负责人（会计主管人员）签名、盖章。

（7）企业在编制年度财务报告前，要对资产和负债进行核对清查。

核对往来款项，包括应收款项、应付款项、应交税金等是否真实存在，金额是否与对应单位记载相一致。

核对资产，包括原材料、在产品、库存商品等各项存货的账实是否一致，是否发生减值等。

核对企业的各项投资，包括企业的各项投资是否存在，会计确认和计量是否准确。

核对企业的固定资产，包括固定资产是否存在、账实是否一致。

（二）财务报告控制环节管理流程设计

财务报告的风险评估，是财务报告内部控制设计的主要环节。财务报告控制管理流程设计的基本程序为：确定财务报告编制过程中的关键控制点；明确财务报告控制目标；提出财务报告控制措施；设计财务报告控制证据；完善财务报告相关制度；绘制财务报告控制流程图；编制财务报告控制矩阵。

1.确定关键控制点

企业在设计财务报告内部控制点时，要依据财务报告风险评估的结果，编制财务报告控制要点表。

2.明确控制目标

财务报告内部控制的目标就是要保证财务报告合法、安全、有效、可靠，从而有效控制财务报告中可能存在的各种风险。实际工作中，应根据财务报告中识别出来的具体风险来设计，不能固定化、模式化。

3.提出控制措施

企业要对关键控制点进行重点监控，并针对主要风险点采取相应的控制措施。针对企业风险点设置的控制措施要融入财务报告的编制过程，实施过程控制，确保控制的有效性和时效性，对过程实施有效的控制是确保企业财务报告真实完整的重要措施。

4.设计控制证据

在对财务报告实施控制的过程中，为了确保有效性，企业需要设计控制证据，包括财务报告过程中的资料，如会计凭证、会计账簿等。

5.完善控制制度

企业在编制财务报告过程中要建立相关的制度体系，使财务报告控制制度能够有效利用。要把内部控制制度融合在企业财务报告编制过程中，财务报告控制制度可以由企业根据自身情况，从实际出发进行设计和编制。

6.绘制控制流程图

财务报告控制流程图要根据财务报告流程、风险点、控制点及相关的控制措施，结合具体单位的实际情况来绘制。特别要强调的是，应把财务报告内部控制流程和财务报告流程整合在一起，并在图上标示风险点和控制点。

7.编制控制矩阵

财务报告控制矩阵是对财务报告流程图中风险点、控制措施和控制证据等要素的详细说明与描述，是财务报告内部控制设计结果的集中体现，也是旅游企业内部控制管理手册的重要组成部分，实际上是上述工作的综合呈现。

年度财务报告编制流程控制如图5-1和表5-1所示。

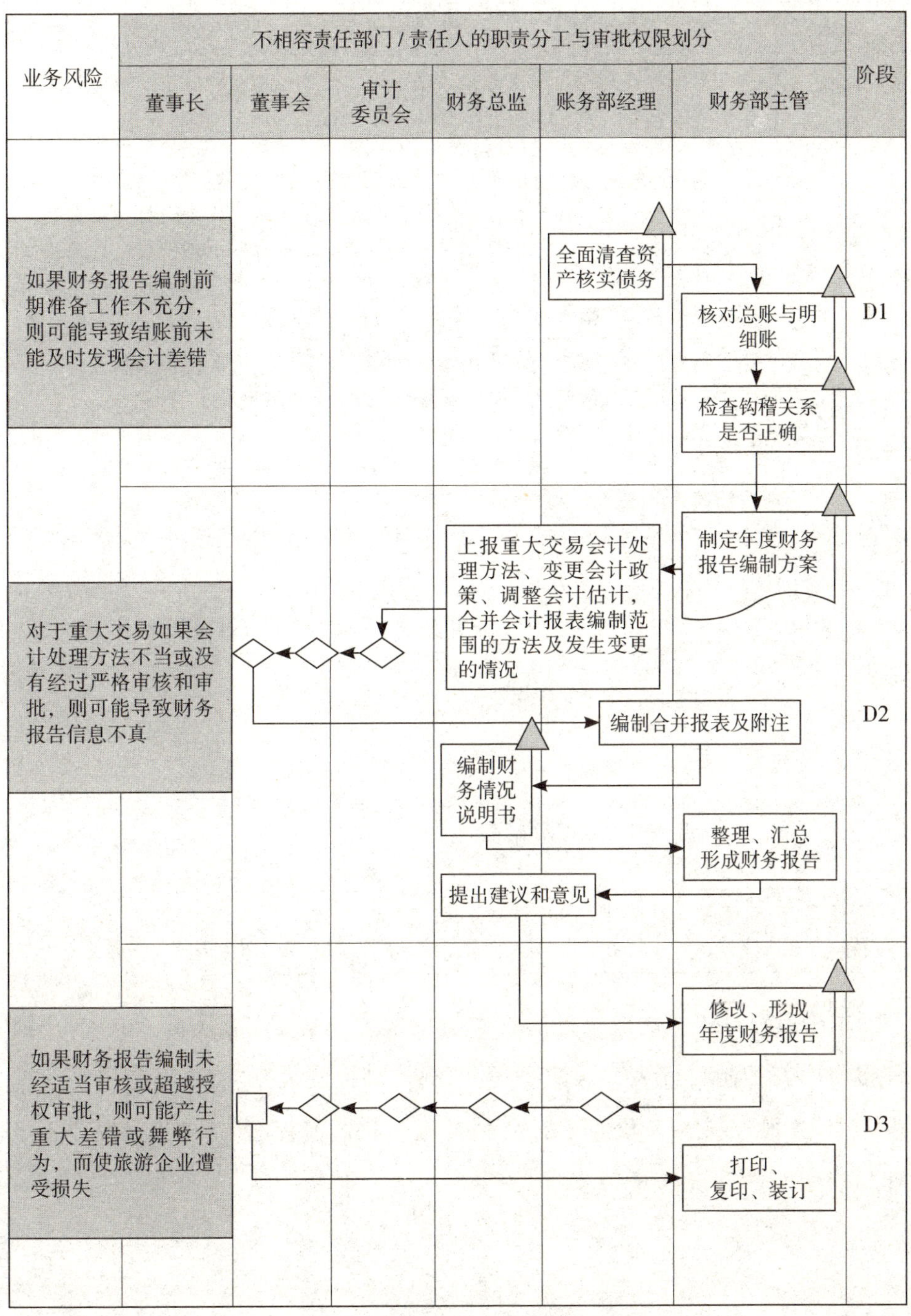

图5-1 年度财务报告编制流程控制

表 5-1　　　　**年度财务报告编制流程控制**

控制事项		详细描述及说明
阶段控制	阶段 1	财务部在编制年度财务报告前，应当全面进行资产清查、减值测试和核实债务； 财务部人员将会计账簿记录与实物资产、会计凭证、往来单位或者个人等进行核对，保证账证相符、账账相符、账实相符； 财务部通过人工分析或利用计算机信息系统自动检查会计报表之间、会计报表各项目之间的钩稽关系是否正确，重点对下列项目进行校验：会计报表内有关项目的对应关系，会计报表中本期与上期有关数字的衔接关系，会计报表与附表之间的平衡及钩稽关系
	阶段 2	财务部制定年度财务报告编制方案，明确年度财务报告编制方法，年度财务报告会计调整政策、披露政策及报告的时间要求等； 旅游企业应当制定对会计报表可能产生重大影响的交易或事项的判断标准，应将会计处理方法、合并会计报表编制范围的方法以及发生变更的情况及时提交审计委员会和董事会审议； 财务总监应真实、完整地在会计报表附注和财务情况说明书中说明需要说明的事项
	阶段 3	财务主管根据审议结果和审核意见修改、编制年度财务报表
相关规范	应建规范	《财务报告编制管理规范》
	参照规范	《旅游企业内部控制应用指引》
文件资料		《年度财务报告编制方案》 《财务报告》
责任部门及责任人		董事会、审计委员会、财务部； 董事长、财务总监、财务部经理、财务部主管、财务部相关人员

本阶段设计工作的成果是形成“财务报告控制要点及关键控制表”“财务报告内部控制目标表”“财务报告内部控制措施表”“财务报告控制证据表”“财务报告制度完善建议表”“财务报告控制流程图”“财务报告控制矩阵”等。

第二节　财务分析流程设计

一、财务分析概述

财务分析，是以会计核算和报表资料及其他相关资料为依据，采用一系列专门的分析技术和方法，对企业等经济组织过去和现在有关筹资活动、投资活动、经营活动、分配活动的盈利能力、营运能力、偿债能力和增长能力状况等进行分析与评价的经济管理活动。财务分析可以使企业利益相关者对企业的过去、现在、未来有一个准确的把握，从而为企业利益相关者作出正确的决策提供依据。

（一）财务分析的方法

1.比较分析法

在企业财务分析过程中，比较分析法是比较常见的分析方法。比较分析法是对企业财务报告中两期或连续数期的数据或者指标进行对比，通过对比不同时期同一指标的数据变动情况来了解企业财务状况或经营成果变动趋势的一种方法。

企业在对重要财务指标、会计报表和会计报表项目构成进行比较时可以采用比较分析法。

（1）企业不同时期同一财务指标的比较方法有以下两种：

定基动态比率法，定基动态比率是以某一时期的数额为固定的基期数额而计算出来的动态比率；环比动态比率法，环比动态比率是以某一分析期的数据与上期数据相比较而计算出来的动态比率。

（2）对会计报表项目构成进行比较。将会计报表中的某个项目设定为1，报表中其他项目都以该项目为标准将数值转化为百分比，这样可以使报表中各项目的结构比例一目了然。通过各个项目百分比的增减变动情况，了解有关财务指标的变化趋势。

2.比率分析法

比率分析法，是通过计算各相关指标的比率关系来反映财务状况的一种方法。比率指标的类型主要有构成比率、效率比率和相关比率三类。

（1）构成比率是指财务数据中某个单项指标占整体指标数据的比值，比如应收账款占流动资产的比例，反映部分与总体的关系。

（2）效率比率是指某项财务活动所耗费的资金与取得的收益之间的比例，反映企业投入与产出之间的关系。

（3）相关比率是指两个相关或者相近的指标或者数据之间的比例，反映企业财务数据之间的相互关系。例如，通过将流动资产与流动负债进行对比，来了解企业的短期偿债能力。

3.因素分析法

因素分析法是依据分析指标与其影响因素的关系，从数量上确定各因素对分析指标影响方向和影响程度的一种方法。

因素分析法具体有两种：连环替代法和差额分析法。

采用因素分析法进行财务分析时应注意因素分解的关联性、因素替代的顺序性、顺序替代的连环性、计算结果的假定性。

（二）财务分析的内容

1.资金运作分析

资金运作分析主要针对企业资金筹集、投入使用、资金回收等财务活动进行分析，从而达到监督资金使用、预测资金需要量的目的，为企业提供决策依据。

2.财务政策分析

财务政策分析主要是通过对企业的财务数据进行分析，掌握企业的财务现状，并根据分析结果对相关的财务政策进行调整，以达到促进企业发展的目的。

3.经营管理分析

经营管理分析主要通过对企业相关指标进行分析，得到企业有关经营过程中的生产、销售、成本、收益等指标状况，帮助企业从财务角度了解经营过程中的问题，为企业的经营决策提供依据。

4.投融资管理分析

投融资管理分析主要通过对相关财务指标的分析，了解企业筹资、投资的金额、成本、风险、收益等相关指标，为企业投资和融资方案的制定提供依据，有利于企业作出可行性分析，提高收益、降低风险，从而达到利益最大化。

5.财务分析报告

财务分析报告通过对财务数据的分析形成书面的文字，从而为企业相关决策提供依据。

（三）财务分析指标

1.变现能力比率

流动比率＝流动资产 ÷ 流动负债

速动比率＝（流动资产－存货）÷ 流动负债

营运资本＝流动资产－流动负债

2.资产管理比率

存货周转率（次数）＝主营业务成本 ÷ 平均存货

（存货周转率（次数）＝主营业务收入 ÷ 平均存货）

应收账款周转率＝主营业务收入 ÷ 平均应收账款

营业周期＝存货周转天数＋应收账款周转天数

3.负债比率

产权比率＝负债总额 ÷ 股东权益

已获利息倍数＝息税前利润 ÷ 利息费用＝ EBIT/I

4.盈利能力比率

净资产收益率＝净利润 ÷ 平均净资产

（四）杜邦财务分析体系所用指标

权益净利率＝资产净利率 × 权益乘数

＝销售净利率 × 总资产周转率 × 权益乘数

权益乘数＝资产总额 / 股东权益总额

＝ 1 ＋（负债总额 / 股东权益总额）＝ 1/（1 －资产负债率）

（五）上市公司财务报告分析所用指标

每股收益（EPS）=（EBIT－I）（1－T）/ 普通股总股数

=每股净资产 × 净资产收益率（当年股数没有发生增减变动时，后者也适用）

市盈率=普通股每股市价 / 普通股每股收益

每股股利=股利总额 / 年末普通股股份总数

股利支付率=股利总额 / 净利润总额=市盈率 × 股票获利率（当年股数没有发生增减变动时，后者也适用）

股票获利率=普通股每股股利 / 普通股每股市价（又叫当期收益率、本期收益率）

股利保障倍数=每股收益 / 每股股利

每股净资产=年度末股东权益 / 年度末普通股数

市净率=每股市价 / 每股净资产

净资产收益率=净利润 / 年末净资产

（六）现金流量分析指标

1.现金流量的结构分析

经营活动流量=经营活动流入－经营活动流出

2.流动性分析（反映偿债能力）

现金到期债务比=经营现金流量净额 / 本期到期债务

现金流动负债比（重点）=经营现金流量净额 / 流动负债（反映短期偿债能力）

现金债务总额比（重点）=经营现金流量净额 / 债务总额

3.获取现金能力分析

销售现金比率=经营现金流量净额 / 销售额

每股营业现金流量（重点）=经营现金流量净额 / 普通股股数

全部资产现金回收率=（经营现金流量净额 / 全部资产）×100%

4.财务弹性分析

现金满足投资比率=近 5 年经营活动现金净流量 /（近 5 年平均资本支出

+近5年存货平均增加+近5年平均现金股利）

现金股利保险倍数（重点）=每股经营现金流量净额/每股现金股利

5.收益质量分析

现金营运指数=经营现金净流量/经营现金毛流量

（七）财务分析对象

企业财务分析对象主要是企业的各项经济活动，如筹资、投资、营运等，其通过分析财务报表中的财务信息来评价企业的财务状况，为绩效考核、经营预测等提供参考依据。

旅游企业的基本活动分为筹资活动、投资活动和经营活动三类。

筹资活动是指企业为了满足经营需要而筹集所需资金的过程。企业的筹资渠道有对外筹资和自有资金筹集两种，对外筹资包括银行借款、发行权益性债券等，自有资金筹集主要是指企业通过留存收益转增资本。

投资活动是指将所筹集到的资金应用于企业项目的新建或者更新，是旅游企业基本活动的重要组成部分。

经营活动是指企业运用资源进行经营的过程，包括供应、生产、销售、分配四个阶段，是旅游企业收益的主要来源。

企业通过分析财务报表中的数据对其经营活动信息进行评价，中间的财务报表分析过程，由比较、分类、类比、归纳、演绎、分析和综合等认识事物的步骤和方法组成。其中，分析与综合是两种最基本的逻辑思维方法。因此，财务分析的过程也可以说是分析与综合的统一。

（八）财务分析的目的

财务分析的目的是为企业利益相关者提供企业的真实财务信息，以帮助他们作出正确的决策。

企业内部管理人员通过财务分析，可以了解企业的经营业绩、财务状况等信息，为企业进行业绩考核、预测未来发展趋势、制订经营计划等提供依据。外部的财务报告使用者进行财务分析，主要是为了了解企业的财务状况，从而预测企业的发展趋势，判断财务风险，为决策寻找依据。

（九）财务分析的步骤

财务分析过程包括以下几个步骤：分析企业所处行业的经济特征，了解企业的总体战略，正确理解企业的财务报告，运用财务比率和相关指标评估旅游企业的盈利能力与风险，根据分析结果对相关管理决策作出评价。

1.分析企业所处行业的经济特征

针对旅游企业而言，有许多认定产业经济特征的模式，其中最常用的是四个层面的经济属性模式，这四个层面包括需求、供应、营销和财务。其中，需求属性反映了顾客对产品或服务价格的敏感性，产业成长率、对商业周期的敏感程度、季节性影响都是评估需求的重要因素。供应属性是指产品或服务在提供方面的特征。在旅游产业中，许多供应商提供的产品或服务是非常相似的。营销属性涉及产品和服务的消费者、分销渠道。对财务属性的认定重点是要明确与企业资产结构和产品特征相匹配的负债水平和类型，对那些成熟、盈利稳定的公司来说，其对外举债规模一般都比新成立的公司要小。

2.了解企业的总体战略

企业总体战略的确定与财务分析有着密切的联系，其为财务分析过程中的管理决策指明方向。如果没有企业战略的指导，财务分析就会偏离方向，也就失去了应有的作用，不能指导相关人员作出科学的管理决策，因此在掌握企业所处的行业特征之后要明确企业的总体战略。

旅游企业要根据自身特征及所处的市场环境特征制定适合自身发展的战略，战略要有独特性，必须能与同行业竞争者区分开来，这也是出于竞争的需要。影响旅游企业制定战略计划的主要因素包括地区和产业多元化、产品和服务特征等。要确保财务分析的有效性，首先要做到对旅游企业战略计划的充分理解，这就要求财务分析人员不仅要认真研读企业的战略计划，考察战略计划实施过程中的各个环节，并且要对同行业竞争企业的战略计划进行了解和比较。

3.正确理解企业的财务报表

财务分析人员在对财务报表进行分析时，需要正确理解企业财务报表，如对报表中的数据是否可靠、公允进行了解。如果数据不可靠或者不公允，财务分析人员可以对报表作出调整，以增强财务数据的可靠性和公允性。财务分析人员所站的角度与财务报表编制人员的角度不同，因此会编制报表和会看报表是两个不同的层次。财务分析人员在财务分析过程中要通过自己的眼睛使静止的财务数据动起来，这需要财务分析人员能够正确理解财务报表。

财务分析人员在对财务报表进行调整的过程中，应当注意以下几个方面：

（1）企业的不重复发生项目或非常项目。这些特殊项目在财务分析过程中应该重点关注，如果其对分析结果的影响是暂时的，则需要对其进行剔除，以排除其对财务分析结果的影响。

（2）企业的研究与开发等支出。企业的研发支出、广告支出、员工培训支出等相关支出项目不仅会影响本期的财务状况，还会影响今后各期的财务状况，因此在进行财务分析过程中应该重点关注这一类项目的金额，保持一定的警惕，在对旅游企业的持续经营业绩进行评价时，也要对这些数据进行适当的调整。

（3）盈利管理。实证研究表明，企业在经营管理过程中为了达到某种目的，存在大量的盈利管理行为。例如，通过操作会计方法提前确认收入和延迟确认费用，对固定资产折旧计提方法实施变更等，这些盈利管理的操作会导致旅游企业财务报表不准确。财务分析人员在进行财务分析时，应对这些不准确的项目数据进行调整。

4.运用财务比率和相关指标评估旅游企业的盈利能力与风险

在财务分析过程中，最常见的是各种比率指标的计算，如反映企业短期偿债能力的指标有流动比率、速动比率、现金比率。通过对财务报表中的数据进行横向对比或者纵向对比来分析企业某项指标的变化趋势，也是财务分析中比较常见的方法。在资本市场中，企业运用财务分析结果来评价经营状况、防范市场风险还不成熟，在世界范围内还没有一个统一的标准能够说明企业的财务指标多少最为合适。许多财务管理的书籍认为企业的流动比率等于2说明企业的短期偿债能力是最好的，但是在一些实证研究中发现事实并不完全是这样的，有的企业虽然流动比率在2左右，但是财务状况并不好，有的甚至濒临破产。因此，对于资本市场上不同行业的企业适用的财务指标的数值不同，在利用财务指标对企业进行分析时仅仅关注财务指标的数值是不恰当的，至少得出结论的可靠性并不强。财务分析指标值要和企业所处的行业特征、市场环境、企业自身的发展战略等相关信息结合起来使用才更有价值和意义。因此，在利用财务分析结果来评价企业的风险和盈利能力过程中，应该将财务数据融入企业所处的行业环境、市场环境中去，结合企业的总体战略布局来进行综合分析，才能使分析结果更加合理、有用性更强。

5.对相关管理决策作出评价

对企业财务数据进行分析的主要目的就是评价企业的相关管理决策。企业的管理决策主要是投资决策和筹资决策，在这两种管理决策过程中盈利能力和风险的分析是必不可少的也是最重要的评价依据。

必须保证在财务分析过程中将以上五个方面结合起来，才能使企业的财务分析更加有效合理。

（十）财务分析的方法

财务分析有很多种方法和途径，常见的有趋势分析法、比率分析法、因素分析法。

1.趋势分析法

趋势分析法是将财务报告中两期或连续数期的相同指标进行对比，确定其增减变动的方向、数额和幅度，以说明旅游企业财务状况和经营成果变动趋势的一种方法。

2.比率分析法

比率分析法是将企业财务报告中的数据进行对比，通过比率来揭示旅游企业财务状况和经营成果的一种分析方法。

3.因素分析法

因素分析法也称因素替换法、连环替代法，是分析几个相互联系的因素对分析主体指标影响程度的一种方法。这种方法在应用过程中首先要确定一个变量，保持其他影响因素不变，分析完一个影响因素后再采用同样的方法确定其他影响因素对分析指标的影响程度。

二、财务分析制度设计

近年来由于对低碳环保的倡导、人们生活理念的改变，产业结构也逐步发生变化。旅游企业具有低碳环保的特征，跟国家倡导的发展低碳环保绿色产业理念相符合，因此旅游企业是现在及将来市场中比较火热的产业。要想在整个市场中具有较强的竞争优势，旅游企业必须建立完整的财务分析制度，深入了解自身的财务指标落实情况，查找经营过程中的问题和原因，不断改进企业内部管理。

（一）旅游企业财务分析的时间、召集形式及参与人员

旅游企业一般在季度终了（或者年度终了）对本季度（或者本年度）的财务状况进行分析；一般情况下由企业的总经理负责召集，企业财务人员参与并对财务分析报告进行解释；其中参与人员包括公司级领导、各个部门负责人，经营、财务和办公室中层以上管理人员，各级会计、统计、保管人员。

（二）旅游企业财务分析的内容

1.旅游企业经营的基本情况

财务分析报告应该对本企业的经营情况加以说明。这一部分内容主要介绍企业在分析期间取得的成绩、完成各项指标时采取的措施，分析企业面临的总体市场形势及应对措施。

2.主要财务指标的执行情况

主要财务指标的执行情况是企业财务分析的重要组成部分，主要解释企业各项财务指标的执行情况，具体应包括：

（1）销售指标，主要用于解释企业的销售相关指标及本期的完成情况。在财务分析过程中，旅游企业可以将本期销售指标与本行业相同指标进行对比来分析企业在行业中的位置，将本期的销售指标与本企业以前期间的数据进行比较，分析企业销售指标的变化情况，通过财务数据的分析和对比找出企业销售环节存在的问题，找到企业扩大销售的措施和方法。

（2）成本费用指标，主要用于反映企业为取得收入而付出的代价。在财务分析过程中，旅游企业主要通过财务数据分析企业的成本费用和预算的差距及

差异产生的原因，根据分析结果找出降低成本费用的途径和措施。

（3）利润指标，是企业财务成果评价的主要指标。在财务分析过程中，旅游企业要找出企业的本期利润指标与预算之间的差异来分析差异产生的原因，并将本期利润指标与同行业不同企业的相同指标进行比较来分析企业的利润水平在同行业中的位置。同时要对比企业本期利润指标与以前期间同一指标的大小，来分析利润指标的变化及变化的原因，以寻找增加企业利润的途径和方法。

（4）资金指标，主要用于分析企业资金的利用情况。旅游企业通过对企业资金运用的合理性分析，得出企业资金运用过程中存在的问题，提出资金运用的改进措施，从而促进企业对资金的有效利用。

通过财务分析结果，找出企业在经营过程中的经验和教训，对好的经验要加以宣传推广，对于分析出的问题要积极寻找解决和改善的方法。同时，企业要时刻关注市场的变化，根据市场的变化调整企业的经营战略，不断完善内部管理，提高旅游企业的经济效益。

（三）旅游企业财务分析报告

1.财务分析方法

财务分析方法主要有四种：

（1）全面分析，是指对旅游企业的财务活动进行综合分析，依据资产负债表、利润表、现金流量表、所有者权益变动表，对企业的综合债务状况进行全面分析，一般在季度末或者年末进行。

（2）简要分析，主要是用于对企业经营过程中的某些重要指标进行分析，主要考察财务数据的变化趋势及经营过程中薄弱环节的改善程度，一般在月末或者季度末进行。

（3）专题分析，主要是针对企业比较重大的问题进行深入详细的分析，比如企业的成本分析、投资分析等。专题分析为的是解决企业在经营过程中的重大问题，为企业的重大决策提供依据。专题分析没有时间的限制，只要企业有重要的决策或者遇到重大问题，随时可以进行专题分析。

（4）典型分析，是针对企业一些具有代表性的事件进行详细的分析，通过分析总结经验教训或者汲取好的经营方法，指导企业日后的经营管理。

实际工作中以上四种分析方法相互补充、相互配合。例如，全面分析可以帮助专题分析了解旅游企业财务活动全貌，为专题分析提出分析课题；而专题分析又可以说是全面分析的补充和深入，为全面分析提供资料，使全面分析更加翔实。

2.对旅游企业财务分析的质量要求

为了提高旅游企业财务分析工作的质量，推动旅游企业管理工作不断改进，在编制旅游企业财务分析报告时应注意以下几点：

（1）突出重点

编制旅游企业的财务分析报告时应注意突出重点，要对重要的事件或者指标深入解析，发挥财务分析的作用，对于一些对企业经营影响不大的问题应该简略分析或者不分析，抓主要问题，不要面面俱到而影响财务分析的效果。

（2）看待问题要全面

在财务分析过程中对发现的问题要重视，因为没有问题也就没有改进的动力，企业就不会进步。因此，在分析过程中不能只说好的一方面而忽略存在的问题，对于财务管理做得好的方面应该加以推广，不好的方面要采取措施进行改进，这样才能促进企业经营管理的不断加强、企业业绩的不断提升，作出的评价也才更加科学合理、具有实用价值。

（3）实事求是

企业财务报告中的数据信息必须依据真实的财务数据，要以客观事实为依据，不能提供虚假的数据信息。在财务分析过程中要做到有理有据，对于一个事件的说明要有数据分析过程，不能凭空臆断。

（4）文字简洁

财务分析报告应该条理清楚、简明扼要、通俗易懂、文字简练，切忌文字罗列、没有中心和重心。

（四）财务报告分析利用阶段的主要管理制度内容

企业在编制财务报告之前应该根据自身情况制定本企业的财务分析制度，以指导企业的财务分析过程，并经相关部门审核完成后予以执行。

企业财务部门在编制财务分析报告时要按照财务分析制度，并对财务分析报告内容进行研讨，尽可能完善财务分析报告，使其能够真正有效地服务于企业的经营管理过程，促进企业不断改进，提升企业在市场上的竞争力。

经过审核后的财务分析报告要下达到各部门，各部门根据财务分析结果制定决策并整改落实。

1.财务报告分析牵头部门和组织形式的规定

财务报告分析由企业财务部门牵头，各职能部门参与并积极配合，对企业的财务状况进行分析。

2.财务报告分析的职责分工规定

根据各部门的职能分配相应的分析内容，例如销售部门负责分析收入指标，业务部门分析成本指标。

3.财务报告分析的内容及应遵循原则的规定

（1）财务报告分析的内容

一是通过资产负债表，分析旅游企业的资产分布、负债水平和所有者权益结构，计算企业的资产负债率、流动比率等指标，对企业的偿债能力、营运能力进行分析，了解企业的资产变动。

二是通过利润表，分析企业收入、费用的结构和变动情况，计算企业的净资产收益率、每股收益等指标，了解旅游企业的盈利能力和发展能力。

三是根据现金流量表，对企业的经营活动、投资活动、筹资活动的现金流量进行分析，提高企业的资金利用率，避免企业的资金短缺或者闲置。

（2）财务报告分析应遵循的原则

一是定性与定量相结合，以定量分析为主。在分析过程中要做到有理有据，充分调查，使用真实的数据，使分析具有真实性、可靠性。

二是充分利用横向与纵向分析。通过横向分析了解企业与同行业其他企业的差距，通过纵向对比了解企业相关指标在不同时期的变动情况，对企业未来的指标情况进行预测并制定与之相关的决策。

三是全面分析与重点分析相结合。对企业当期的重大事项进行重点分析，比如投资分析，根据企业的相关数据出具可行性报告。

四是发现问题、解决问题。对于发现的问题要找出解决措施，对于好的经验要进行推广。

（五）财务分析制度设计涉及部门

集团整体的财务分析工作由集团财务部负责；各个下属企业的财务分析工作由下属企业的财务部负责；集团财务部对各下属企业的财务数据进行汇总分析，各下属企业的财务数据也是集团总体分析的基础。

三、财务分析管理流程设计

财务分析管理流程是根据旅游企业财务报表等资料，对企业的财务状况进行分析和评价的管理流程。

（一）财务分析管理流程

1.整理素材，编写财务分析

第一步：前期基础工作。前期的基础工作主要是根据财务分析的内容搜集、整理相关的材料，包括企业在经营过程中采取的措施、召开的会议记录等，对其中包含的数据进行统计。

第二步：编制财务分析附表。每月月中填写、修改财务分析附表中的同期、上期相应财务数据。

第三步：财务分析正文的编写。其中，总论是对财务分析全文的一个总括性的描述，它能够使使用者对财务分析报告有个概括性的了解。这部分内容主要阐述企业本期财务数据及经营成果的变动情况。

2.主要财务指标分析

（1）主要经济指标完成情况

通过横向对比和纵向对比掌握企业销售的增减变动情况，并根据分析结果找出变动的原因，用来指导后续的经营决策。

计算企业的毛利率，分析毛利率的增减变动情况，并分析原因。

分析本期成本费用支出总额及与以往期间对比的变动情况，计算出期间变动百分比，并分析原因。

分析本期的利润额及与前期的对比变动情况，计算出变动百分比，并分析原因。

（2）考核指标完成情况

从有效销售额、毛利率、经营考核利润、费用预算执行情况四个方面，根据经营责任目标完成情况表和费用预算执行情况表中的数据，分别简述四项指标累计实际完成与下达全年计划相比的完成情况。

（3）销售分析

分析总结归纳本期为提高销售所采取的主要经营措施，如节日的促销方案及力度、旅游业态组合、功能布局的调整、管理模式的完善、销售策略的变更等对销售的影响。

概括分析旅游企业本期含税销售总额、日销售额，统计出客流量、客单价数额，并把以上数据与同期相比较。

对企业本期的销售收入进行深入解析。分析各种销售占总体销售的比例，分析各销售额较同期变化的幅度及原因。为更加直观地反映销售收入的结构，便于分析，可通过如图5-2、5-3所示的形式进行展示。

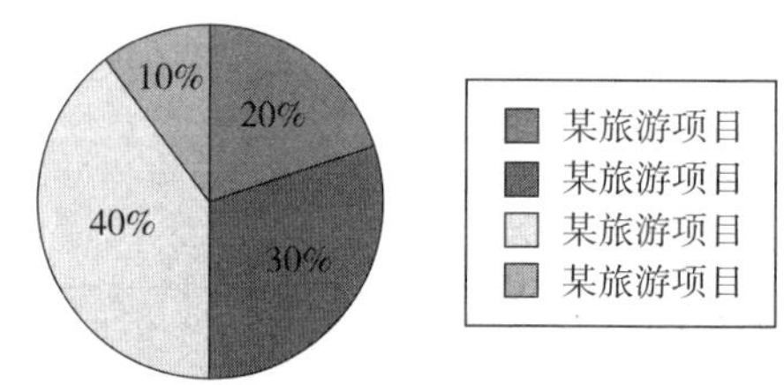

图 5-2　各种旅游项目销售占比

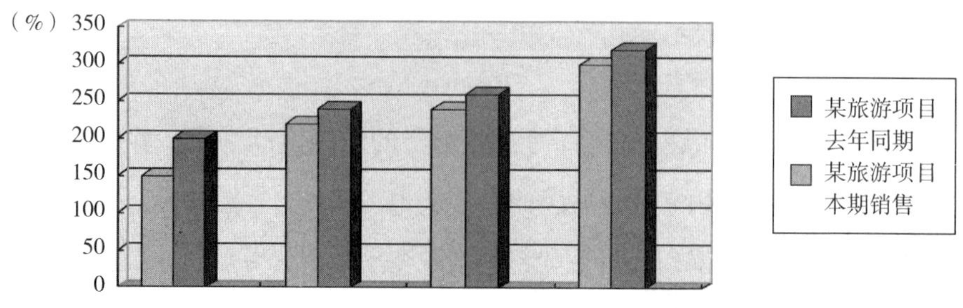

图 5-3　各旅游项目销售同期比

（4）毛利率（不含税）分析

以毛利率同比增减情况作为依据，从销售收入和销售成本两个方面着手，结合旅游企业当期经营情况及销售策略、周边市场的竞争环境等，分析影响毛利率变化的主要原因。一是从影响企业销售收入的定价、销量、经营组合变化、经营方式的改变等方面，分析各种因素对毛利率的影响；二是从影响销售成本的折扣率、促销分摊比例、入账变化等方面加以分析。毛利率分析可通过图表的形式分析展示。分析步骤如下：

第一步：总括分析本期的毛利率情况，并进行纵向对比计算增减变动百分比。对变化较大的，进行重点分析：一是分析各旅游项目销售比重的变化导致的毛利率的变化情况；二是按各旅游项目分别分析较同期增减变化百分比，并归纳主要形成原因。

第二步：结合相关图表细分各种旅游项目，并对毛利率情况进行详细分析。具体分析可以从实际毛利率纵向对比、实际毛利率与计划毛利率两个角度进行。针对对比结果，对变化较大的毛利率进行全面分析，分析变动产生的原因，寻找解决对策。

（5）费用开支分析

首先对企业的本期成本费用进行总体分析，其次分别对主要费用项目发生额的同比增减额及增减幅度进行计算。对费用变化幅度较大的进行重点分析，并找出原因。例如，对于销售费用同期增加幅度较大，可从本期是否新增旅游项目、与销售收入的变化是否一致等原因入手分析。

（6）利润情况分析

首先进行利润的总体分析，概括利润总额的完成情况；其次通过营业利润、其他业务利润、费用、税金及附加等项目的增减变动，对利润实现程度及利润变动原因等进行全面分析。

3.工作建议

通过对各项指标进行分析，根据企业的现实情况，提出具有针对性、可行性的改进措施，使财务分析的作用落到实处，使财务分析能够让相关领导及时了解旅游企业现状，从而推动旅游企业管理水平的不断提高。

（二）财务分析的报送

财务分析人员需对分析附表数据、表间钩稽关系及分析所涉及的其他财务信息进行复核，复核无误后，经复核人员稽核、财务负责人把关，交给财务部，最后报送财务本部存档。

具体财务分析管理制度流程如图5-4所示。

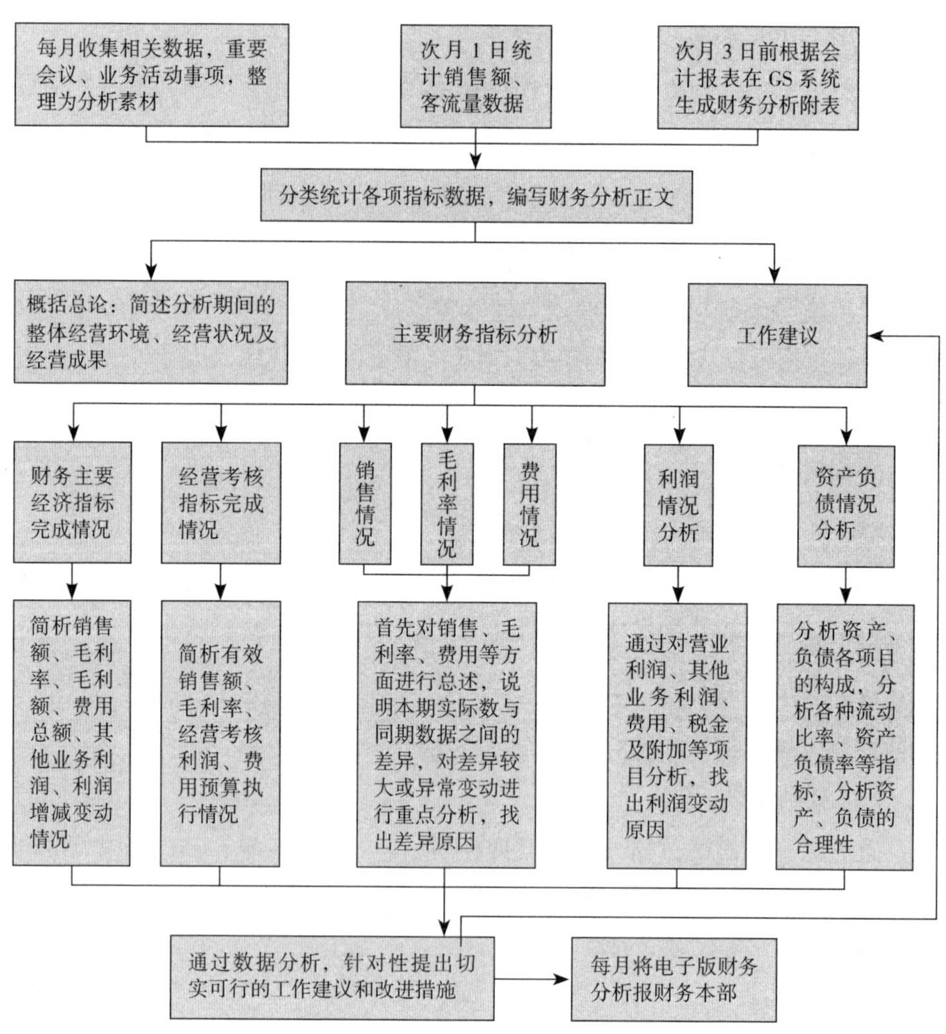

图5-4　财务分析管理制度流程

第六章
财务管理制度中控制环节流程设计

财务控制是依据相关的财务方法、措施与程序，运用规范化的控制手段，控制和监督企业的财务活动，确保企业及其内部机构和人员全面落实和实现财务预算的过程。其对企业资金的投入及收益的过程和结果开展衡量和校正，以确保企业的财务计划顺利执行和企业目标的实现。现代财务理论提出企业理财的目标是企业价值的最大化。财务控制总体目标是在我国财务法律法规和规章制度的指导下，在优化企业整体资源综合配置效益，适应企业资本保值和增值的目标，并且整合其他各项绩效考核标准的基础上来制定的。因此，它是企业理财活动的关键环节，是确保实现理财目标的基本保证，是高水平现代企业管理的重要标志。

第一节　财务成本控制管理流程设计

一、低碳经济背景下旅游企业财务成本控制管理概述

（一）旅游企业财务成本控制的概念

旅游企业财务成本控制（financial cost control of tourism enterprises），是指在生产经营活动中，旅游企业根据一定的控制标准，对成本和费用形成的全部

过程进行监督、指导和限制，并及时采取有效措施纠正偏差，从而实现成本费用控制目标的一系列行动。这一概念主要阐述的是要有控制标准，要有控制对象即成本费用形成的全部过程，要有控制方法即监督、指导和限制，要有控制行动即要纠正偏差，要有控制目标即要实现成本费用控制目标，要有控制过程即这是一系列控制行动的总和。

旅游企业是能够以有形的资源、空间设备和无形的服务效用为手段，以旅游资源为依托，在旅游消费服务领域中开展独立经营核算的经济单位。旅游企业财务成本控制也是围绕着旅游企业的特点，随着其运营过程而开展的。随着知识经济时代的到来，旅游企业要在激烈的市场竞争中生存和发展，除了要具备一套高效能增产的创收方式外，还要加强成本控制，开源节流。

（二）旅游企业财务成本控制的内容

成本控制的内容非常广泛，但是应该有计划、有重点地区别对待。行业有差异，企业不同，则控制重点不同。旅游企业成本控制的重点是成本形成的过程和成本分布的范围。

1.按成本形成过程划分

按成本形成的过程划分，旅游企业财务成本控制大致分为餐饮部门食品产品投产前和制造过程中的控制、客房部门日常经营过程中的控制、景区部门运营过程中的控制、旅游运输过程中成本的控制。

（1）餐饮部门的成本控制

①餐饮部门食品产品投产前的控制。原料物资采购成本、产品设计成本、生产组织方式、加工工艺成本、劳动定额与材料定额水平等对成本的影响最大，餐饮部门食品产品总成本的60%基本上取决于这个阶段成本控制工作的力度。这项控制工作在控制活动实施时还没有产生真实的成本，属于事前控制方式，但它决定了餐饮部门成本的变化趋势，所以所承担的成本控制任务非常重要。

②餐饮部门食品产品制造过程中的控制。餐饮部门成本实际形成的主要阶段是食品制造过程。绝大部分的成本支出是在这个过程中产生的，包括人

工、原材料、各种辅料的消耗，能源动力、制作间和其他管理部门的费用支出，以及工序间物料运输费用等。投产前成本控制的各种设想、方案和措施能否贯彻和实施，以及成本控制目标能否实现，均和这个阶段的控制活动紧密相关。它属于事中控制方式，由于很难及时得到成本控制的核算信息，因此会遇到很多困难。

（2）客房部门日常经营过程中的控制

客房部门成本的支出主要有住宿服务产品的采购和维护成本、水电暖费用、服务人员的开支以及其他相关服务成本。这部分成本的控制对象主要源于对住宿服务产品（如：床、床上用品、家具、电器、卫浴等）定期的维护，以减少不必要的更新；也可运用节能环保的新能源代替传统的电力热能等。对资产维护的成本控制，可以效仿工业企业固定资产和低值易耗品管理的方法进行。

（3）景区部门运营过程中的控制

这部分内容包括旅游产品的包装、广告促销、销售机构开支和游览服务等费用。目前，在不断强调要加强企业市场管理职能的情况下，旅游企业往往会不顾成本地采取各种促销手段，这反而抵消了利润增量，对此也要注意。

（4）旅游运输过程中成本的控制

在旅游企业中，运输部门是不可或缺的一个部门，景区客运占企业运输很大一部分，有的旅游企业从客源地就开始参与运输工作。该过程的成本控制主要包括车辆的固定成本、营运公里损耗、油耗成本、维修费用、路桥费用、驾驶员工资等部分。

2.按成本的构成划分

按成本的构成划分，旅游企业财务成本控制分为原材料成本控制、工资费用控制、企业管理费控制。

（1）原材料成本控制

原材料成本在餐饮业总成本中占了很大的比重，通常是在60%以上，高的甚至可达到90%，是成本控制的主要对象。影响原材料成本的因素有库存费用、采购、回收利用、生产消耗等，所以控制活动可从采购、消耗和库存管理三个环节着手。

（2）工资费用控制

旅游企业员工工资的增加是不可逆转的，工资是旅游企业成本的一个重要组成部分。工资与经济效益同步增长，对于成本降低有着重要的意义。控制旅游企业工资成本的关键在于岗位设置的有效性、人才运用的合理性等。

（3）企业管理费控制

旅游企业的管理费用指的是用于组织生产和日常管理的费用，项目又杂又多，是成本控制中不可忽视的内容。这类费用主要有修理费、折旧费、招待费、办公费用、管理人员工资和差旅费等。这些零碎的费用在成本中所占的比重不大，不太容易引起人的注意，所以导致了常见的浪费现象，因此在成本控制工作中应该认真对待。

3.按影响成本控制的因素划分

按影响成本控制的因素划分，旅游企业财务成本控制分为外部环境因素成本控制和内部环境因素成本控制。

（1）外部环境因素成本控制

影响旅游企业成本控制的外部环境因素，指的是企业外部对旅游企业成本产生影响的社会要素和所有物质的汇总。这些环境因素根据其性质，一般分为社会环境和物质环境。社会环境是人在社会中直接或间接的相互作用，例如政治、经济和法律关系等。对于旅游企业来说，社会环境事实上就是旅游企业所处的社会经济环境中的各种秩序、准则和规则等。物质环境是指自然界中的各类物质对旅游企业成本的影响，例如地形、气候等。物质环境具有固定性和不可控性，旅游企业对此类成本的调控空间不大。总之，要想对旅游企业的成本作出合理的控制，必须从以上两个因素着手，对其开展科学合理的分析，最后归纳出切实可行的成本控制措施。

（2）内部环境因素成本控制

旅游企业的成本控制要考虑的不仅是企业外部环境因素的影响，更要注重企业内部环境因素的作用。内部环境因素是旅游企业根据其以往的经验、实际的运营状况、习俗和惯例等制定的，具有可调控性和可变动性。旅游企业开展成本控制工作时，应该将内部环境因素列为重点研究对象。

（三）成本控制的分类

1.按控制的时间分类

成本控制按控制时间的不同，分为事前控制、事中控制和事后控制三类。

（1）事前成本控制，是指在成本和耗费发生之前，在旅游企业某项业务的设计阶段，对各种有可能影响成本的因素进行事前的监督、审核与规划，建立健全各项成本管理制度，把可能发生的损失和浪费消灭在萌芽状态。

（2）事中成本控制，是指在生产费用实际发生的过程中，按照成本标准对费用开展实时控制，提示浪费或节约，把各种成本偏差信息及时反馈给责任人，以利于及时采取措施加以整改，防患于未然，保证成本目标的实现。在这个控制过程中，需要企业建立成本数据信息反馈制度，做好成本数据的传递、收集、整理和汇总工作。

（3）事后成本控制，是指在企业各种成本形成之后的综合考核和分析。该控制的主要工作是对实际成本脱离目标成本的原因展开分析，根据成本差异形成的原因，确定归属的责任人，据以考核和评定责任单位的业绩；采取措施，发展有利差异，消除不利差异，为接下来的成本循环提出建议；进一步预测即将产生的成本费用的内容，修正原定的成本控制标准。

2.按控制的手段分类

旅游企业成本控制按控制手段不同，分为绝对成本控制和相对成本控制。绝对成本控制着眼于各项支出的节约，侧重于节流，杜绝浪费；相对成本控制则是将开源与节流并重，除了探索节约的措施以外，还提倡利用本量利分析的原理，充分提高生产能量，以达到相对降低成本的目的。

3.按控制的对象分类

以控制对象为标志，旅游企业成本控制可分为产品成本控制和质量成本控制两类。产品成本控制是指对整个旅游产品生产过程的控制；质量成本控制是指将成本管理与质量管理有机结合，依靠实现最优质量成本来达到企业成本控制的目的。

（四）低碳经济背景下旅游企业财务成本控制方法

1.旅游企业财务成本控制的基本方法

（1）预算控制法

预算成本是在一定的业务量之下，旅游企业按照标准成本计算的成本开支额。这种控制方法是以预算指标作为控制成本费用支出的依据，通过分析对比，找出差异，采取相应的改进措施，来保证成本费用预算的顺利实现。

（2）制度控制法

制度控制法就是在国家成本管理制度的指导下，为旅游企业建立的一套切实可行的成本控制制度，用于控制旅游企业内部各项成本费用的开支。在我国，国家规定了成本开支的范围和标准，这些制度都是旅游企业进行成本控制的依据。

（3）标准成本控制法

标准成本实际上就是单位成本消耗定额。它是采用科学的方法，经过调查、分析和测算而制定的在正常生产经营条件下应该实现的一种目标成本。它是控制成本开支、评价实际成本高低、衡量工作质量和效果的重要依据。例如，客房部出租单位客房的物料用品消耗定额，餐饮部制作单位餐食制品应消耗的原材料定额，以及提供单位产品服务所消耗的人工费定额等，这些都将作为标准成本发挥着控制成本支出的作用。

（4）保本点分析法

保本点是指旅游企业经营达到不亏不赚时，应取得的营业收入的数量界限。保本点有两个指标，即保本业务量和保本营业额。保本点分析法是一种颇为有用的方法，是财务管理者必须掌握的一种方法。

2.旅游企业财务成本控制方式创新

在低碳经济背景下，旅游企业除按照已有的方式方法开展成本管理外，还需创新成本控制方式，才能使企业的成本得到更有效控制。

例如，引入现代工业工程的方法进行成本控制。工业工程简称IE，是通过对生产活动所涉及的人、物、设备和信息等众多要素所构成的系统进行安排、调整和实施的一门学科。它综合运用数学、物理和化学等各个学科的知识，并采用现代工程分析、设计的方法和原理，对该系统的成果进行分析、预测和评价。库存控制与分析、价值分析、投资风险分析和目标管理等都是现代工业工程常用的工作方法。旅游企业虽然属于第三产业，但其成本控制可借鉴此方法，如能对其加以改进和优化，可使之服务于旅游企业的长远发展。

二、低碳经济背景下旅游企业财务成本控制管理制度设计

（一）财务成本控制制度设计的目标和要求

1.财务成本控制制度设计的目标

设计成本控制制度应实现以下目标：

（1）职责分工

在成本业务中要做到职责分工，实行成本业务预算和审批控制。

（2）正确进行成本业务的会计核算

正确进行成本业务的会计核算，需要划清各种费用的界限，保证成本费用支出合法、合理；明确成本核算程序，反映成本的实际水平。

（3）建立和健全成本业务凭证流转与管理制度

建立和健全成本业务凭证流转与管理制度，保证账户记录的正确性及对外报表成本信息的真实性，及时提供有用的、完整的对内成本报表资料。

（4）分析与考核

定期分析成本耗费情况，考核成本计划的完成情况，落实成本责任制；合理节约成本费用，探索降低成本的途径。

2.财务成本控制制度设计的要求

财务成本控制制度是旅游企业财务管理制度的一个重要组成部分，但是由于其内容较多，又具有一定的独立性，所以一般都作为一个相对独立的制度

来制定。为了使所涉及的财务成本控制制度有利于加强成本管理，并能正确及时地计算成本，财务成本控制制度设计应符合以下几个基本要求：

（1）以会计准则、财务通则等有关成本管理制度为依据

《企业会计准则》《企业财务通则》及其他有关制度办法，对成本开支范围、成本核算的原则、成本管理责任制、各项费用开支标准及成本的考核办法等已作出了明确的规定。旅游企业在设计财务成本控制制度时，必须遵守国家企业会计准则及其他有关规定，结合企业自身的具体情况和要求，将其原则精神贯穿于成本核算制度设计工作的始终。

（2）与旅游企业的经营特点和成本管理要求相结合

财务成本控制制度必须从旅游企业的实际出发，与企业的经营特点和成本管理相结合，有利于企业正确计算成本，及时真实地反映耗费情况，提供高质量的成本核算资料，满足成本管理要求。另外，现代旅游企业全面成本管理包括成本预测、成本决策、成本计划、成本控制、成本核算、成本分析和成本考核这七个环节，这些环节相互联系、相互补充，贯穿于企业经营活动的全过程。成本核算是基础，设计财务成本控制制度时，要使提供的成本核算资料能够适应成本管理各个环节的要求，尽可能提供管理者所需要的信息。

（3）有利于正确计算成本和简化成本核算

正确计算成本是成本核算的主要任务，也是财务成本控制和管理的基础。因此，设计的财务成本控制制度，必须有利于旅游企业正确核算费用、计算成本。这就要求设计的成本控制制度责任明确、程序清楚、手续严密、方法可行、计算准确。同时，在低碳经济时代背景下，还要考虑成本核算工作本身的成本效益，避免增加不必要的核算层次、计算方法难度和人财物耗费等，在保证成本核算质量的前提下，尽量降低核算成本。

（二）岗位设计与分工

旅游企业财务成本控制岗位人员的设置，包括严格的会计机构的设置、人员的管理及岗位责任的控制等环节。财务成本控制岗位人员必须具备会计从

业资格，各个企业不能聘用不具备会计从业资格的人员从事该项工作。企业应保证财务成本控制岗位人员按照国家有关规定接受继续教育。公司领导成员的直系亲属不得担任本企业的财务成本控制岗位人员的负责人或主管。

财务成本控制岗位可根据控制主体人数的多少、控制任务量的多少进行人员管理。企业任何人员不经合法授权，不能行使相应的权利，这是最基本的要求。不经合法授权，任何人不得审批；有权授权的人则应在规定的权限内行事，不得越权授权。财务成本控制业务一经授权，必须予以执行。要将财务成本控制任务层层分解，层层落实到各个部门、各个层次、各个岗位、各个责任人，并配以必要的权力，使企业的每个员工都能够明确自己的成本控制责任和任务。

（三）旅游企业各种部门成本控制制度设计

财务成本控制管理的对象是企业成本的构成，而旅游企业包含不同的企业类型，其成本形成的过程和成本内容有所不同，所以本部分的制度设计，我们将分各种部门进行分析，对几种主要的旅游企业类型的财务成本控制制度进行设计。

1.餐饮部门财务成本控制制度设计

（1）饮食成本控制制度设计

饮食成本的控制方法采取建立标准成本预算管理制。标准成本是根据餐饮产品销售定量要求制定的单位产品成本消耗量，重点是控制食品和饮料成本。餐饮成本预算由财务部成本控制会计员负责，可以利用计算机软件设计适合本企业的餐饮成本预算表，用Excel的计算功能计算各种比率。餐饮成本预算如表6-1所示。

表 6-1　　餐饮成本预算

项目　月度	1月	2月	3月	4月	5月	6月	7月	8月	9月	10月	11月	12月	合计	全年营业比率
营业收入（2016年）														
营业收入（2017年）														

（续表）

项目＼月度	1月	2月	3月	4月	5月	6月	7月	8月	9月	10月	11月	12月	合计	全年营业比率
平均占比														
预算营业收入（2018年）														
折扣														
毛收入														
厨房收入														
毛利率														
热菜收入														
毛利率														
凉菜收入														
毛利率														
小吃收入														
毛利率														
前厅收入														
毛利率														
酒水收入														
毛利率														
白酒收入														
毛利率														
红酒收入														
毛利率														
啤酒收入														
毛利率														
果汁饮料收入														
毛利率														
茶水收入														
毛利率														
香烟收入														
毛利率														

（续表）

月度 项目	1月	2月	3月	4月	5月	6月	7月	8月	9月	10月	11月	12月	合计	全年营业比率
鲜榨收入														
毛利率														
其他收入														
毛利率														
日均收入														
午餐收入														
晚餐收入														
营业税金及附加														
营业成本														
热菜成本														
凉菜成本														
小吃成本														
酒水成本														
燃料成本														
营业费用														
人力成本														
员工工资														
员工餐费														
员工津贴														
员工福利费														
经理人年度奖金														
员工保险														
员工宿舍														
优秀员工奖														
员工培训费														
工会经费														
人事招聘费														
能源费														

（续表）

项目 \ 月度	1月	2月	3月	4月	5月	6月	7月	8月	9月	10月	11月	12月	合计	全年营业比率
水费														
电费														
日常维护维修费														
物料消耗														
清洁用品费														
前厅清洁用品费用														
后厨清洁用品费用														
易耗品摊销														
前厅低值易耗品														
后厨低值易耗品														
办公用品														
工装费														
电话费														
洗涤费														
差旅费														
装饰费														
菜品研发费														
安全费														
销售费用														
预定费用														
回馈客户														
物业费														
广告费														
业务招待费														
上级管理费														
大修理费														
车辆使用费														
装修摊销														

（续表）

月度 项目	1月	2月	3月	4月	5月	6月	7月	8月	9月	10月	11月	12月	合计	全年营业比率
折旧费用														
财务费用														
利息														
手续费														
营业利润														

（2）材料采购成本管理制度设计

①建立原材料采购计划和审批流程。厨师长或厨房部的负责人每天晚上要根据本酒楼的经营收支、物资储备情况确定物资采购量，并填制采购单报送采购部门。采购计划由采购部门制订，报送财务部经理并呈报总经理批准后，以书面方式通知供货商。

采购申请单

年　　月　　日

申请部门：		申请人：		采购人：
品名规格	用途	数量	时间要求	备注
部门经理签字：				
财务部经理签字：				
总经理签字：				

②建立严格的采购询价报价体系。财务部要设立专门的物价员，定期对日常消耗的原辅料进行广泛的市场价格咨询，坚持货比三家的原则，对物资采

购的报价进行分析反馈，发现有差异要及时督促纠正。对于每天使用的蔬菜、肉、禽、蛋、水果等原材料，要根据市场行情每半个月公开报价一次，并召开定价例会，定价人员由使用部门负责人、采购员、财务部经理、物价员、库管人员组成，根据供应商所提供物品的质量和价格两方面进行公开、公平的选择。对新增物资及大宗物资、零星紧急采购的物资，须附有经批准的采购单才能报账。

③建立严格的采购验货制度。库存管理员对物资采购实际执行过程中的数量、质量、标准、计划及报价，要通过严格的验收制度进行把关。对于不需要的超量进货、质量低劣、规格不符及未经批准采购的物品有权拒收，对于采购单上价格和数量与实际不一致的要及时纠正。验货结束后库管员要填制验收凭证，验收合格的货物按采购部提供的单价。其中活鲜品种入海鲜池，由海鲜池人员二次验货，并做记录。对于外地或当地供货商所供的活鲜品种，为预防其当夜死亡或过夜（第一夜）死损，要事先与供货商制订好退货或活转死折价收购协议，并由库管及海鲜池双方签字确认并报财务部。

验收入库单

入库日期：

物资名称	规格型号	单位	数量	单价	金额	
供货单位					运杂费	
备　　注						

仓库：　　　　车间：　　　　财务：　　　　采购：

④建立严格的报损报丢制度。对于高档海鲜酒楼经常遇到的原材料、烟酒的变质、损坏、丢失问题，应该制定严格的报损报丢制度，并制定合理的报损率。报损由部门主管上报财务库管，按品名、规格、数量填写报损单，报损

品种需由采购部经理鉴定分析后签字报损。报损单汇总需每天报总经理，对于超过规定报损率的要说明原因。

物品报损单

年　　月　　日　　　　　　　　　　　　　　　　NO：

品名	规格	单位	数量	金额	报损原因	备注

财务：　　　　仓管：　　　　　　　部门负责人：　　　　报损人：

⑤严格控制采购物资的库存量。根据本酒楼的经营情况合理设置库存量的上下限。如果库存实现计算机管理，则可以由计算机自动报警，及时补货；对于滞销菜品，要通过计算机统计出数据，及时减少采购库存量，或停止长期滞销菜的供应，以避免原材料变质造成损失。

⑥提高采购员工作能力。组织采购员到厨房学习，了解食品原料的出成率，确保原料采购质量，以有效地控制成本形成。

（3）食品和饮料配方成本管理制度设计

①会计配合厨师长和饮料部经理制定食品和饮料配方，确定每种食品和饮料所需的原料及其用量，形成单位产品标准成本和成本率，并计算出销售价格。

②合理制定本酒楼的毛利率。餐饮部门要根据自身的规格档次及市场行情合理制定毛利率，并分部门制定毛利率及上下浮动比例（比如热菜、凉菜、酒水的毛利率是不一样的），制作菜品成本卡，使成本控制与厨师奖金挂钩。餐饮企业可以通过成熟的计算机系统实现营业收入的每日成本，实现成本分解，进销核对，通过销售的菜品数量计算出主辅助料的理论成本，并自动核减库存量。

③菜单上的每项饮食产品都要根据产品规格、所需原材料，由饮食成本控制会计和厨师通过加工测试，定出主料、配料、调料的用量标准和成本，再依据毛利率定出价格。

④根据饮料的配制方法，定出每种酒水在单位饮品中的用量标准，并计算价格。

⑤菜单与饮料单做调整时，必须编写新的配方，按以上程序进行标准成本预算，控制实际成本消耗。

（4）成本形成管理制度设计

①为控制成本形成，确保标准成本预算的实施，要对采购、收货、领用、内部调拨和盘点等成本形成过程进行管理。

②库房收货必须填入库单，厨房领料必须根据生产需要填写领料单。

③财务部根据饮食采购计划控制进货成本。

④财务部要根据原材料的价格及粗加工、半成品的出成率、价格等建立档案，规定各种菜品原材料的消耗定额，制作标准成本卡，并要经常、不定期地考核厨房部的执行情况，检查各菜品、主食的定额成本与实际操作有无差异，有无跑冒漏滴及因保管不善而发生原材料残损或变质现象，要把厨师的奖金与出品业绩和成本控制挂钩。

⑤财务部每月末要进行库房存货盘点。夜间停止营业后，要对厨房原料进行盘点，以确保账物相符，使成本核算准确、真实。建立严格的出入库及领用制度，以及各部门原辅料的领用制度，对烟酒、活鲜、肉蛋、调料、杂品等分别制定不同的领用手续。

（5）餐饮成本核算、收入报告制度设计

①标准成本预算是针对单位产品而定的，要掌握整个成本控制实施情况，需对食品饮料的收入、成本消耗进行统计，编制出收入和成本报告，以此考核标准成本预算的实施情况，并提出改进措施，控制实际成本消耗。

②每日审查食品和饮料收入。餐饮收入管理由餐厅收款员根据实际销售制作收入报表，核数员编制“每日饮食部营业统计表”，报告每日各餐厅的

营业收入；餐厅经理报告每日餐厅的营业收入，电脑打印每日报表和本月累计报告。

财务部每天对食品和饮料收入进行审核，包括各餐厅的客单、收款项目和收款数额，审查收款机的过机数，审核高级管理人员用餐标准，以保证收入准确、成本核算准确。

财务部成本会计要抽查菜单正本和副本内容、价格和收款数量，以防止厨房的饮食数量和项目同收款员的账单内容不符。

定期进行科学而准确的成本分析。财务部每月末要召开成本分析会，分析每一菜品、每一台、每一宴会、每一个厨房的成本率，将各单位的成本与实现的收入进行对比，并分别规定不同的标准成本率，对成本率高的项目进行统计分析，并编制成本日报表。若发现差错和不符，则要查明原因，追查责任，并及时编制会计凭证。

③每日审查原料成本消耗。每日定时检查采购收货单、库房领料单、内部转货单等与原料成本消耗有关的全部单据；报告当日销售成本，根据食品、饮料营业收入审查结果，计算出当日食品和饮料成本率、累计成本率，并和预算成本率进行比较，其差异应控制在±1%的范围内。其中，库房领料单一式三联，分别存根、库房、记账，格式如下图所示。

材料类别　　　　**领　料　单**　　　　总号：　　　分号：

材料科目　　　　年　　月　　日　　　　字第　　　号

材料编号	材料名称	规格	生产通知单号	用途	数量		计量单位	单价	金额
					请领	实领			

主管：　　　记账：　　　发料：　　　领料部门：　　　领料人：

内部转货单如下图所示。

转 货 单

日期：　　　　　　　　　　　　　　　　　　　　　　　　　　　部门：

货号	品名	单位	数量	实际数量	备注

申请人：　　　　副经理：　　　　会计：　　　　店总经理：　　　　ALC：

对外地采购和国外进口的食品原料和饮料，每日由收货部将收货报告及有关单据转到饮食成本控制中心。饮食成本控制中心审核单据并计算出运输费、关税、检疫费等，计入成本，对于月末尚未付款结算的原料，经检验收货后，估价计入当月成本。

④编制“餐饮月末营业报告”。饮食部根据每日营业收入统计表和每月成本统计表，到月末统计汇总，对餐饮营业情况进行总结评价，编制餐饮月末营业报告，参考格式如图6-1所示。

日期：

1. 本月营业额_________　　　　本月预算 ________

其中：菜品_______毛利率　　%　　其中：菜品_______毛利率　　%

饮料_______毛利率　　%　　饮料_______毛利率　　%

主食_______毛利率　　%　　主食_______毛利率　　%

凉菜_______毛利率　　%　　凉菜_______毛利率　　%

2. 用餐客人分析

用餐总人数____，18 ～ 25 岁客人占__ %，25 ～ 40 岁客人占__ %，40 ～ 55 岁客人占__%，55 岁以上客人占__%。

VIP 卡客人占__%，普通打折卡客人占__%，正常消费客人占__%。

3. 经营状况分析：

4. 主要营销活动分析：

5. 设备维修情况：

6. 员工培训情况：

图 6-1　餐饮月末营业报告

报告要详细分析饮食销售和成本消耗执行情况，并和标准成本预算及上月、上年同期成本率进行比较。对影响成本率变化的各种因素要进行分析，提出改进措施。

（6）饮食成本信息反馈制度设计

此规定是为了掌握标准成本预算执行结果，控制实际成本消耗。

①财务中心每日对餐厅的食品、饮料销售量及其成本用量进行统计，掌握成本用量的增减变化和餐厅的成本率，必要时对销售价格进行调整。

②根据销售量及成本，调整供应量。

2.客房部门财务成本控制制度设计

客房部门设施费用分为可变费用和固定费用两种。可变费用是指被客人消耗掉的各种低值易耗品，如水、电、洗涤用品、针棉织品等；固定费用主要指固定资产折旧和无形资产的摊销，以及管理人员、服务人员的工资等。这两种费用，其中固定费用是常数，而可变费用从其总额来看，会随着游客的增多而提高。因此，对于客房部门设施成本费用的控制有两种思路。第一，成本费用总额的绝对控制。即采用定额控制法，如主要消耗指标控制法、标准成本控制法。第二，成本费用额的相对控制。对于某个营业部门来讲，一定时期所应承担的固定费用总额是一个定数，虽然该总额不能降低，却可以通过提高设施利用率来相对降低。

（1）人力成本控制制度设计

①对楼层清洁班服务人员，主要是核定其工作量。

②公卫员工的工作是把酒店的所有卫生区域进行分片，按工作量来分配给服务员。因岗设人，责任到岗，并逐步细化每天的工作量。

（2）客用品成本控制制度设计

①确定客用品的配备标准，使客房用品的储备数量既能满足客房接待服务的需要，又不过多地占用流动资金。

②通过工作表控制服务员消耗量。财务部通过楼层领料单控制每个服务员使用的消耗品，分析和比较各服务员每房的平均耗用量，并计算成本，楼层

领料单如下图所示。领班通过现场指挥和督导，减少客用品的浪费和损坏，建立楼层资产管理档案。

领　料　单

楼层：　　　　　　　　　　　　　　　　　　　　　　　No.

编号	品名	规格型号	单位	申请数量	实发数量	单价	金额
领料人		发料人		领料日期			

备注：一式二联　　　一、楼层存根　　二、财务存根

③财务部对客用品成本的控制。房务中心的仓管员，负责整个客房部的客用品领取、发放、汇总和统计工作：负责统计各楼层每日、每月的客用品使用消耗量；结合客房出租率及上月情况，制作每月客用品消耗分析对照表，如表6-2所示；做好中心库物品的领取、发放和盘点。

表 6-2　　客用品消耗分析对照表

楼层：　　　　　日期：　　　　　领班（主管）：　　　　　服务员：

房号	客品补充统计													棉织品统计								
	卷纸				牙具				香皂					床单				被套				
	单位	单价	数量	成本	单位	单价	数量	成本	单位	单价	数量	成本	…	单位	单价	数量	成本	单位	单价	数量	成本	…

（续表）

房号	客品补充统计													棉织品统计								
	卷纸				牙具				香皂					床单				被套				
	单位	单价	数量	成本	单位	单价	数量	成本	单位	单价	数量	成本	…	单位	单价	数量	成本	单位	单价	数量	成本	…
合计																						
VD：退房　VC：空房　OC：住客房　ED：预退房　NB：无行李　LB：少行李																						
DND：请勿打扰　NNS：不需要服务　SO：没过夜																						

注：此表由客房服务员如实填写，下班前交客房主管并领取第二天需使用的客用品。

（3）清洁消耗品费用控制制度设计

对于清洁消耗品费用的控制，主要是对布草清洁剂等消耗品的管理。为了减少清洁剂的流失和浪费以及出于安全的考虑，可以制作月份清洁消耗品报表，见表6-3，跟踪清洁消耗品费用情况，以便入账分析，并及时调整高消耗的情况。

表 6-3　　　　月份清洁消耗品报表

年　　月　　日

品名	单位	数量	单价（元）	金额（元）	备注
高泡地毯清洁剂	桶				
低泡地毯清洁剂	桶				
玻璃清洁剂	桶				
地毯去渍剂	桶				
浴室清洁剂	桶				
空气清新剂	桶				
金属擦亮剂	桶				
不锈钢光亮剂	桶				
牵尘液	桶				
洁厕灵	桶				

（续表）

品名	单位	数量	单价（元）	金额（元）	备注
高级卫生纸	个				
洗手浮露	桶				
去污粉	盒				
洁厕块	个				
尘推罩	个				
除臭球	盒				
高级地板上光蜡	桶				
免磨面蜡	桶				
喷磨保养蜡	桶				
其他					
合计					

3.景区部门财务成本控制制度设计

旅游景区在一定时期内的业务经营活动中所发生的一切人力、财力、物力耗费的货币表现，形成了旅游景区的成本费用。成本费用是经营耗费的最低界限，是制定价格的基础，也是管理者进行经营决策的重要依据。

（1）旅游景区成本费用的确认制度设计

旅游景区的成本费用是指旅游景区在向旅游者提供服务的业务经营过程中发生的各项直接支出和耗费。其中，成本是指购进商品和雇用劳动者时发生的支出，而费用是指某个时期获取收入时的耗费。

旅游景区常见的各种支出项目有工资、培训、招聘、经营成本，成本费用有雇主支付的保险金、出差与补助、商品进货、设施设备新建和维护、服装等。

旅游景区成本费用的确认范围包括营业成本、营业费用、管理费用和财务费用等。

①营业成本，是旅游景区在经营过程中发生的各项直接支出，包括以下部分：

一是直接材料，即原材料、配料、调料、燃料等。

二是采购成本，分为国内采购商品进价成本和国外采购商品进价成本。国外采购商品进价成本是购进过程中发生的实际成本，如进价、进口税金、购进外汇差价、委托外贸管理部门代理进口的手续费等。

三是其他成本，包括出售无形资产、存货（不包括商品）的实际成本。

②营业费用，是旅游景区各营业部门在经营过程中发生的各项费用，包括运输费、装卸费、包装费、保管费、保险费、燃料费、水电费、展览费、广告宣传费、邮电费、差旅费、洗涤费、清洁卫生费、低值易耗品摊销、物料消耗、经营人员的工资（含奖金、津贴、补贴）、员工福利费、工作餐费、服装费及其他经营费用。

③管理费用，是指旅游景区为组织和管理经营活动而发生的费用以及由旅游景区统一负担的费用，包括企业经费、工会经费、员工教育经费、劳动保险费、待业保险费、劳动保护费、董事会费、外事费、租赁费、咨询费、审计费、诉讼费、排污费、绿化费、土地使用费等。

④财务费用，是指企业为筹集生产经营所需资金等而发生的费用，包括企业经营期间发生的利息净支出、汇兑净损失、金融机构手续费、加息及在筹资过程中发生的费用。

（2）旅游景区成本费用的预算制度设计

成本费用预算是以货币形式预先确定企业在预算期内成本费用开支标准和降低成本费用的任务。

旅游景区成本费用预算是一项比较艰巨的工程，其步骤为：评估旅游景区现有的预算；根据以往经验和未来规划需要，在部门内和部门间讨论对预算可能要作的修改；依据目前的主要限制，如投资者要求的投资回报率、政策控制、地方预算而对预算进行削减；批准预算；通过预算控制实施预算；监测预算执行情况，确认变化因素，采取补救措施。

（3）旅游景区成本费用的控制制度设计

成本费用控制是指在成本费用形成的过程中，按照国家成本费用制度的有关规定和成本费用预算的要求，通过经常性监督和及时纠正偏差，把各项费用的发生和成本的形成控制在成本预算之内，以实现成本费用不断降低的一种管理方法。

①旅游景区成本费用控制制度包括以下方面：人员配置方面，降低劳动力成本；进货方面，降低采购成本，可以采用代销方式采购商品，推迟所采购商品的交款日期；其他方面，控制和削减日常费用。

成本费用控制可能会影响服务的质量，进而导致未来游客数量下降。同时，大多数景区固定成本较高，这也可能大大限制成本的削减。

②旅游景区成本费用控制的步骤：评估旅游景区现有的成本费用预算；根据以往经验和未来规划的需要，在部门内和部门间讨论对现有成本费用预算可能要作的修改；依据目前的主要限制，如投资者要求的投资回报率、政策控制、地方预算而对成本费用预算进行削减；制定新的成本费用预算；通过成本费用预算控制开展日常工作；监测成本费用预算执行情况，确认变化因素，采取补救措施。

③加强内部成本监督。为加强财务管理，确保财产安全、经营业绩真实、信息数据正确，总公司财务经理要每月定期，按内部稽核制度和《会计基础工程规范》要求对财务人员或岗位进行财务稽核，具体包括以下方面：对会计各岗位处理的原始凭证、记账凭证以及账簿的启用、结转进行核查；对计划、预算及执行情况进行核查；对银行及现金的管理，如账款清理、税收缴纳核查；对财产物资出入库凭证及账实相符等情况进行稽核；对重要票证管理情况进行核查；其他必要的内容。

对于旅游景区的成本控制，可以根据景区情况设计景区经营成本明细表，进行监督和控制。明细表可参考表6-4。

表 6-4　　景区经营成本明细表

景点名称：　　　　单位：元

项目	账载金额	依法申报金额
一、基础设施成本		
1. 交通设计成本		

（续表）

项目	账载金额	依法申报金额
2. 游览标识制作成本		
3. 安全设施成本		
4. 卫生费		
5. 邮电通信设施成本		
6. 景观、文物、古建筑等维护费		
7. 绿化费		
8. 宣传费		
二、人工成本		
1. 导游人员工资及福利费		
2. 安保人员工资及福利费		
3. 环卫人员工资及福利费		
4. 管理人员工资及福利费		
三、管理费用		
1. 办公费		
2. 水电费		
3. 差旅费		
4. 业务招待费		
5. 会议费		
6. 审计费		
7. 修缮费		
（1）房屋等大修理费		
（2）设施修理费		
（3）车辆等保养维护费		
（4）零星修缮费		
8. 设备购置费		
9. 税费及附加		
（1）营业税		
（2）城建税		
（3）教育费附加		
（4）其他		

（续表）

项目	账载金额	依法申报金额
10. 土地使用费		
11. 土地损失补偿费		
12. 工会经费		
13. 职工教育经费		
14. 低值易耗品摊销		
15. 上交的管理费		
16. 坏账准备		
17. 其他管理费用		
四、财务费用		
1. 利息支出		
2. 利息收入		
3. 金融机构手续费		
4. 其他财务费用		
五、成本合计		

4.运输部门财务成本控制制度设计

（1）固定成本控制制度设计

①旅游运输部门的固定成本包括车辆折旧、各种规费、场地租金费用分摊、车辆检审费、财务费用等。

②由于上述成本项目费用开支固定，且与上级政策、企业经营决策、历史遗留问题、企业经营现状有不可分割的关系，因此上述成本项目一律不另列计划进行考核。财务部对以上固定成本进行核算和分析，并每月提供相关数据。

（2）营运公里数据统计制度设计

①旅游运输部门单车营运公里数据以行车记录仪记录的数据为准。如果行车记录仪出现故障，则数据以当天的业务单进行里程估算，估算以同类业务行驶里程为标准。

②营运公里数据采集以阶段性数据采集为主，即周期性对车辆行驶里程进行数据采集，原则上是每旬最后两天开展数据采集，每月采集数据3次。数

据采集由车长负责，并将统计数据提交给财务部统计（核算）员。

③每月5日前，统计员必须将驾驶员上月营运公里数和车辆上月营运公里数进行统计核算。

（3）油耗成本控制制度设计

①油耗考核标准控制。油耗标准的确立，以旅游运输部门上年度车型的平均油耗为依据；单车油耗以升/百公里为考核单位；车型百公里油耗考核标准每年变动一次；财务部在听取相关部门意见的基础上，制定油耗计算标准，如表6-5所示。

表6-5　万里旅游公司运输部油耗计算标准

单位：升/百公里

车型	季节	标准	车型	季节	标准
金龙	夏季	30～33	亚星37座	夏季	22～25
	冬季	28～32		冬季	21～23
宇通	夏季	29～33	星王33座	夏季	22～25
	冬季	28～32		冬季	21～23
奔驰	夏季	27～29	扬子中巴	夏季	17～19
	冬季	25～28		冬季	16～17
珠江	夏季	29～32	金龙中巴	夏季	17～19
	冬季	27～31		冬季	16～17

②加油环节成本控制。旅游运输部门营运车辆一律定点加油；现金加油原则上以能顺利执行完任务为允许加油量；现金加油必须凭电脑发票报销；现金加油的车辆，必须在部门定点加油站将油箱加满后方可回场。

③油耗数据统计控制。定点加油站每月必须将整个旅游运输部门加油的统计明细表提交给财务部统计（核算）员；非定点加油的油料统计两项数据，即油料计量和油料费用开支，统计（输单）员必须每月定期将非定点加油的油料统计数据提交给统计（核算）员。

④数据测算及节超油考核：统计（核算）员每月根据单车耗油量、单车公里数计算百公里实际耗油量，并将实际耗油量与标准耗油量进行比对，计算出

单车节超油量，按确定的单位价格标准计算节超金额，将节超金额按一定比例分摊到单车，进行奖惩。

（4）维修费用控制制度设计

①车辆维修环节控制。维修车间对车辆进行维修保养时，可对正常使用的机油、易损件、无法修复件进行更新（500元以下），所更新的配件必须由车队长或维修主管确认后方可到车间领料；对价值较高（500元以上）或有可能修复的配件，更新时必须经车务经理或分部门总经理确认后方可更换。

②维修费用统计及测算。场内维修费用统计由维修主管负责，场外抢修费用由统计（核算）员每月定期提交给维修主管，维修主管每月定期将上月单车维修费用提交给车务经理。

车务经理对上月车辆维修情况报告复审并报总经理备案，并提交上月车辆维修情况总体报告，由财务部每月对上月的维修费用进行分析和评判。

③维修费用考核标准制定。单车修理费定额，根据旅游运输的特点及车型等具体情况每年进行测算制定。修理费定额为一个区间值，设最低值和最高值，区间值则为维修费用推荐标准。财务部在听取相关部门意见的基础上，制定维修费用定额标准表，如表6-6所示。

表 6-6　　万里旅游公司运输部维修费用定额标准表

序号	车型	定额（元/月）	备注
1	金龙 6118	800 ～ 1000	含轮胎费用
2	金龙 6115	900 ～ 1100	含轮胎费用
3	金龙 6113	900 ～ 1100	含轮胎费用
4	宇通	800 ～ 1000	含轮胎费用
5	亚星奔驰	900 ～ 1100	含轮胎费用
6	珠江	900 ～ 1100	含轮胎费用
7	亚星 37 座	800 ～ 1000	含轮胎费用
8	星王 33 座	200 ～ 800	含轮胎费用
9	扬子中巴	600 ～ 8000	含轮胎费用
10	金龙中巴	600 ～ 800	含轮胎费用

（5）路桥费用控制

①路桥、停车费用确认。凡产生路桥、停车费用的业务，均需在调度单上注明“路桥费用我方付”的字样；凡未注明由企业支付路桥费，但途中有路桥费用产生时驾驶员必须预先告知调度主管，由统计调度主管与业务员沟通，确认必须产生路桥费用时，方可支付。

②路桥、停车费用核销。路桥、停车费用采用一单一报的原则，即单趟的路桥停车费用单次报销，以保证核销的准确性、及时性。路桥、停车费用由调度主管确认，由统计（输单）员逐笔核销登记。

③数据统计。统计（输单）员为路桥、停车费采集的具体责任人，每月定期将驾驶员个人营收与路桥费同步提交。财务部根据营业收入核减路桥费后计算驾驶员工资。

（6）驾驶员工资

①财务部每月定期根据驾驶员营收、驾驶员星级、油耗考核、维修费用、胎耗费用结果计算工资，报总经理审核。

②工资方案：驾驶员工资总额＝星级工资＋营业收入提成＋小费工资±油耗考核±维修费用考核±胎耗费用考核

三、低碳经济背景下旅游企业财务成本控制管理流程设计

根据旅游企业财务成本控制的基本方法，我们可以看到，完成成本控制工作，应该涉及餐饮部、客房部、运输部、景区管理部门等业务实体部门，并且少不了财务部、人力资源部等职能部门的参与。整个管理流程需要多种数据资料和原始凭证，并且有一些不得不关注的事项。

低碳经济背景下旅游企业财务成本控制管理流程如图6-2所示。

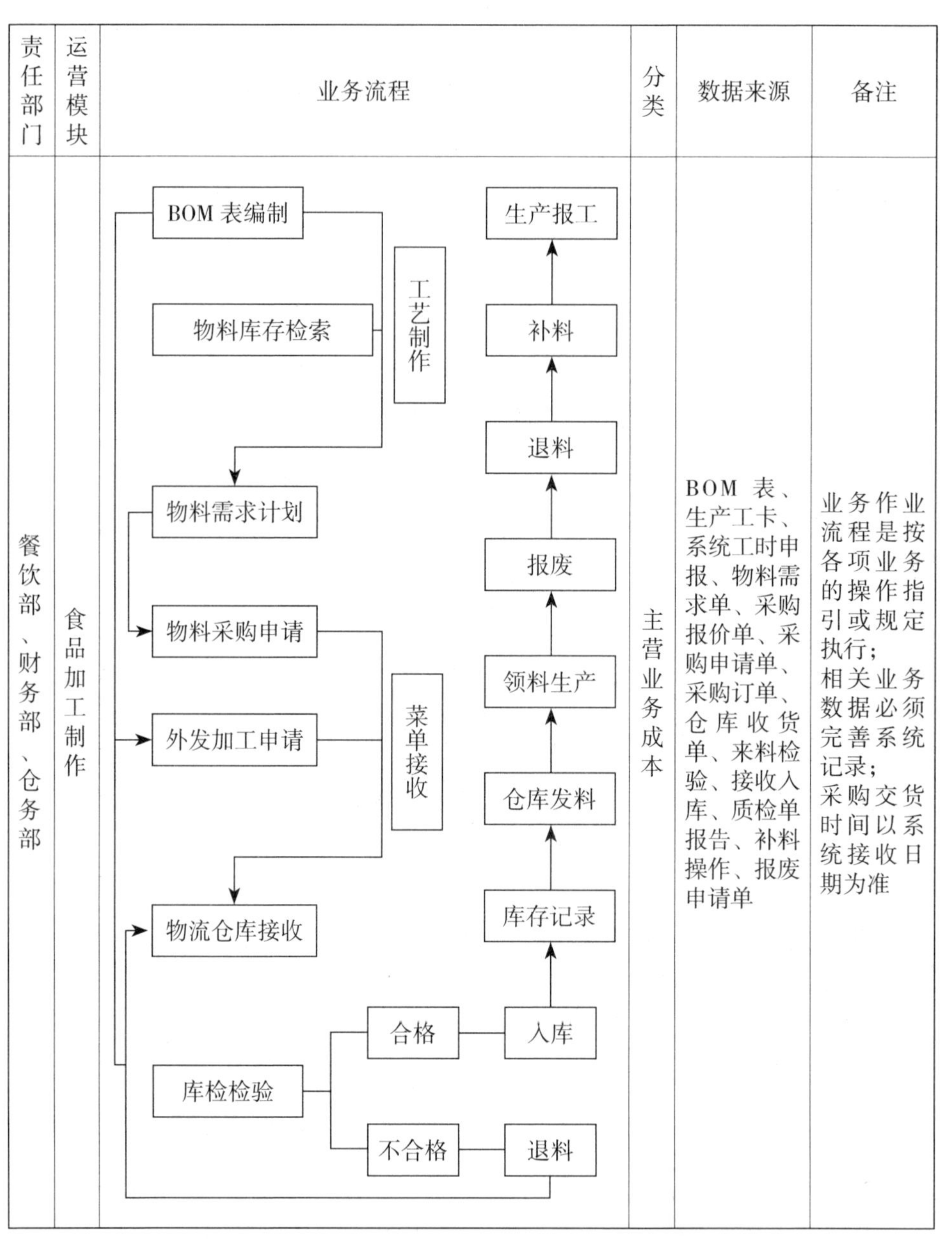

图 6-2　低碳经济背景下旅游企业财务成本控制管理流程

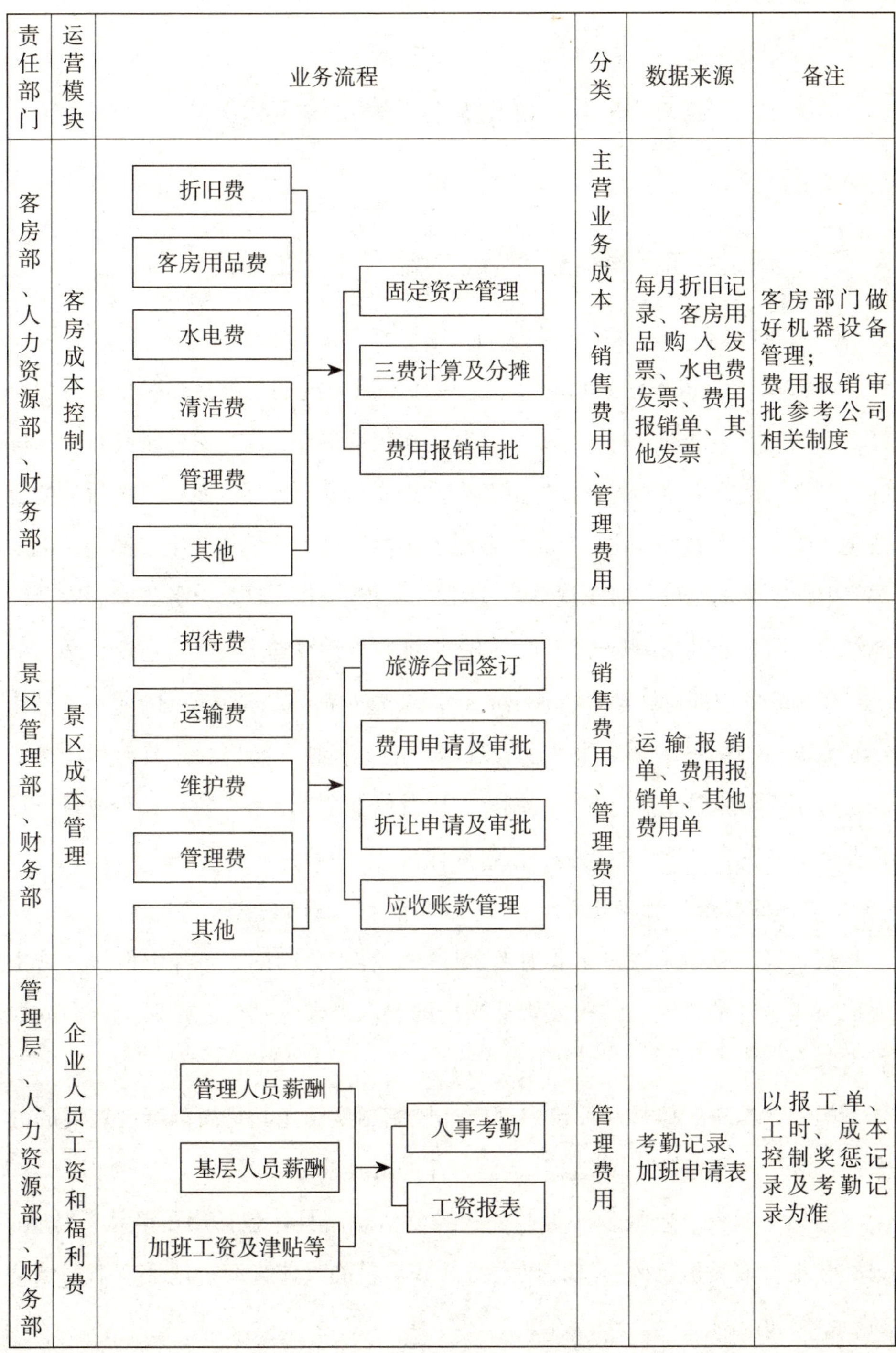

责任部门	运营模块	业务流程	分类	数据来源	备注
客房部、人力资源部、财务部	客房成本控制	折旧费、客房用品费、水电费、清洁费、管理费、其他 → 固定资产管理、三费计算及分摊、费用报销审批	主营业务成本、销售费用、管理费用	每月折旧记录、客房用品购入发票、水电费发票、费用报销单、其他发票	客房部门做好机器设备管理； 费用报销审批参考公司相关制度
景区管理部、财务部	景区成本管理	招待费、运输费、维护费、管理费、其他 → 旅游合同签订、费用申请及审批、折让申请及审批、应收账款管理	销售费用、管理费用	运输报销单、费用报销单、其他费用单	
管理层、人力资源部、财务部	企业人员工资和福利费	管理人员薪酬、基层人员薪酬、加班工资及津贴等 → 人事考勤、工资报表	管理费用	考勤记录、加班申请表	以报工单、工时、成本控制奖惩记录及考勤记录为准

第二节　内部审计管理流程设计

一、低碳经济背景下旅游企业内部审计管理概述

（一）旅游企业内部审计管理的概念

内部审计（internal auditing）是运用单一或系统的财务指标对企业的生产经营活动或业务活动进行的观察、判断、建议和督促工作。它通常具有较明确的目的性，能督促企业各方面的活动合乎程序与要求，促进企业各项活动的合法化、管理行为的科学化。它是企业财务控制管理工作的重要组成部分，也是国家财政监督的基础，对于规范公共组织的财务工作、严格财务规章制度及财经纪律、改善公共组织财务管理工作、保证收支预算的实现具有重要意义。

旅游企业内部审计管理（internal audit management of tourism enterprises）是建立于旅游企业组织内部、服务于管理部门的一种独立的检查、监督和评价活动，可用于对旅游企业内部牵制制度，以及旅业企业会计、资产、企业自身经营业绩、经营合规性进行检查、监督和评价。

（二）低碳经济背景下旅游企业内部审计管理的内容

低碳经济背景下旅游企业内部审计的内容十分广泛，差异也很大，这主要取决于企业的规模、结构及管理当局的要求。通常主要包括四个方面的检查内容：

第一，检查、监督和评价内部会计控制制度，尤其是内部牵制制度的健全性、恰当性及有效性，监督其运行，并提出改进建议。

第二，检查、监督和评价财务和经营信息。具体包括用于确认、计量、分类和报告该类信息的措施，以及对某些项目的具体查询，包括详细测试交易、金额和范围。

第三，检查、监督和评价经济活动的经济性、效率和效果，包括企业的

非财务控制。

第四，检查、监督和评价对法律、规定和其他外部要求的遵循情况，以及对管理当局政策、指令和其他内部要求的遵循情况。

（三）低碳经济背景下旅游企业内部审计管理的分类

旅游企业内部审计的内容是不断发展变化的。现代旅游企业内部审计的主要内容分为财务审计、经营审计、管理审计和风险管理等。此处着重介绍经营审计、管理审计和风险管理。

1.经营审计

经营审计是对旅游企业经营活动全过程的合理性，以及生产力诸要素的开发利用情况及其经济性、效率性与效果性的实现程度进行审查，旨在帮助旅游企业挖掘人、财、物的潜力，改进经营工作。经营审计主要包括以下内容：

（1）物资供应审查，包括审查旅游企业有无采购计划、材料物资有无科学的储量标准，审查采购的批量、间隔是否恰当，审查供应商的选择是否合理，审查采购费用是否节约，审查到货的设备及各种材料物资有无经过检验等。

（2）生产组织审查，即审查餐饮部生产组织的方式、生产批量的大小、生产计划的安排是否合理、有效，以及审查其生产能力的利用效率。

（3）技术工艺审查，主要内容包括审查餐饮部的食品工艺流程是否合理、运行中的问题是否能够得到及时解决、技术指标是否科学、产品质量措施是否有效。

（4）资源利用审查，主要内容包括：审查旅游企业劳动力的利用是否有利于优化劳动力的配备和组合、工时的合理安排，以及劳动技能与劳动效率的提高；审查资产结构和资本结构是否合理，资金的使用是否节约并达到预期的效果；审查物资（包括各种原材料、设备、能源等）的利用是否合理、节约。

（5）存货资金审查，主要分析和评价存货资金是否合理、存货管理是否有效。

2.管理审计

内部管理审计通常是指对旅游企业管理制度和管理工作进行的审计。管理审计是一种重要的经营工具，在质量管理学领域有极其重要的意义。审计人员根据事实证据来评价系统、实务和程序是否符合目标并予以有效的实施。管理审计的内容包括：

（1）审查旅游企业的管理职能，主要包括：审查企业是否制定了完备的管理制度和管理方法，是否规定了企业的目标及其实现目标的途径；审查企业已制定的管理制度和管理方法是否已全部贯彻执行，并发挥了应有的作用；审查企业各项职能管理部门是否围绕着提高经济效益这一中心进行相互协调和平衡；审查企业是否根据自身的任务与目标，对经营活动进行合理的分工协作，并合理地配置和使用企业资源；审查企业是否经常对经营活动进行监督检查，发现偏差是否及时予以纠正。

（2）审查旅游企业各管理职能部门的工作，主要包括：审查企业长期、中期、短期的运营计划管理，审查餐饮生产技术、生产组织、生产流程、生产效益等生产管理，审查旅游营销策略、市场预测、销售计划、销售合同、销售费用及销售服务等情况，审查工作质量、质量的经济性及全面质量管理，审查资金的运用、资金周转的速度及增收节支等措施，审查设备物资的采购、保管和使用情况。

3.风险管理

风险管理是旅游企业通过对潜在意外或损失的识别、衡量和分析，并在此基础上进行有效的控制，用最经济、合理的方法处理风险，以实现最大安全保障的过程。风险管理的主要内容如下：

（1）监督和评价旅游企业风险管理系统的有效性

旅游企业风险管理系统的有效性主要包括三项内容：首先，评价旅游企业风险管理组织结构的合理性、有效性，内部审计应当对企业风险管理组织结构的构建及其健全性、有效性予以评价并提出改进措施；其次，监督和评价旅游企业风险管理活动的有效性，发现风险管理中的薄弱环节，提出改进措施；最后，评价和监督旅游企业风险管理的策略及各种相关规章制度的制定和实施。

（2）评价与旅游企业相关的管理、经营和信息系统的风险暴露

生产风险是指餐饮部在制作某种食品的过程中所要承担的风险，主要包括物资采购库存风险、物资采购风险、劳动生产率风险、产品质量风险等。营销风险是指旅游企业进行营销活动时所产生的风险，其具体表现为营销策略难以实施、目标市场缩小或消失、产品难以售出。财务风险是指由于利率、汇率、投资报酬率、股利的变动给旅游企业造成的可能损失，由投资风险和筹资风险构成。经营风险，指经营活动可能带给旅游企业的损失，包括组织设计和运行风险、战略规划风险、内部控制设计与运行风险等。新产品开发风险指新产品预期收益的不确定性和市场销售的不确定性。信息系统风险指由于使用信息系统所带来的风险，例如计算机故障等。

（四）低碳经济背景下旅游企业内部审计管理的重要意义

低碳经济时代要求旅游企业对于节能、减排和环保工作有高度的自律性，因此旅游企业内部审计的重要作用主要体现在以下三个方面：

1.预防保护作用

旅游企业内部审计机构对会计部门工作的再监督，有助于强化单位内部管理控制制度，及时发现问题、纠正错误，堵塞管理漏洞，减少损失，保护资产的安全与完整，提高会计资料的真实性、可靠性。

2.服务促进作用

旅游企业内部审计机构作为企业内部的一个职能部门，熟悉企业的经营活动等情况，工作便利。因此，内部审计可在旅游企业改善管理、挖掘潜力、降低成本、提高经济效益等方面起到积极的作用。

3.评价鉴证作用

旅游企业内部审计是基于受托经济责任的需要而产生和发展起来的，是经营管理分权制的产物。随着旅游企业单位规模的扩大、管理层次的增多，对各部门经营业绩的考核与评价是现代管理不可缺少的组成部分。内部审计可以对各部门活动作出客观、公正的审计结论和意见，起到评价和鉴证的作用。

二、低碳经济背景下旅游企业内部审计管理制度设计

（一）岗位设计与职责

1.内部审计机构岗位设计

旅游企业应设置独立的内部审计机构，审计机构的级别应和本部门本单位的财务机构相同。业务量小的单位也应配备相应的审计人员。内部审计人员按干部管理权限的规定任免，要求政治素质好、有一定审计业务知识，并保持相对稳定。内部审计机构主要负责人的任免、奖惩，应事前征得上一级审计机构的同意。审计人员的专业技术职务任职资格，应按国家和管理部门的有关规定评定和聘任。审计人员要坚持原则，依法审计、实事求是、忠于职守、秉公办事，不得滥用职权、徇私舞弊、泄露机密、玩忽职守。旅游企业内部审计机构组织结构如图6-3所示。

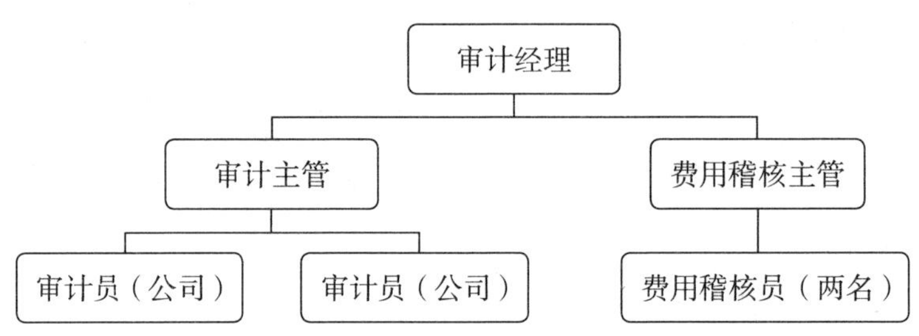

图 6-3　旅游企业内部审计机构组织结构

2.内部审计机构部门职责

（1）部门概述

审计部在总经理的直接领导下开展工作，建立和健全旅游企业各项内审制度和内控流程，并负责有效执行；根据旅游企业要求，对潜在的风险进行管理和控制。

（2）部门职责

①根据国家审计相关法规和公司的管理要求，协助建立和健全公司各项内审制度和内控流程，并负责有效执行；

②根据公司要求对风险进行管理和控制；

③根据公司年度经营目标，组织制定并实施审计部年度、月度工作计划，并对完成结果负责；

④负责公司市场稽核的管理工作，组织实施内部审计监督和纪律检察，并向总经理报告结果；

⑤协助外部审计机构对公司进行审计；

⑥完成总经理交办的其他工作任务。

（3）部门权限

①对各子公司及各部门工作有审核、督察、监督权；

②对公司各项流程的制定、执行等有建议权；

③对公司各流程、各环节执行失误的个人有相应的处罚权。

（4）部门核心工作目标及风险防范点

①对市场费用审核后作出费用审核报告；

②对各子公司财务资料进行分析、审核后作出财务审核报告；

③对采购、物流费用审查后作出采购审核报告；

④审计问题追踪检查率；

⑤审计结果的准确性。

3.内部审计机构岗位职责

（1）审计经理

①在总经理的直接领导下，负责审计部全面工作；

②根据国家相关法规和公司的管理要求，协助建立和健全公司各项制度和内控流程，制订企业年度内部审计计划和审计工作费用预算；

③根据公司要求对风险进行管理和控制；

④根据公司年度经营目标，组织制定并实施审计部年度、月度工作计划，并对完成结果负责；

⑤负责公司市场稽核的管理工作，组织实施内部审计监督和纪律检察工作，并向总经理报告结果；

⑥协助外部审计机构对公司进行审计工作；

⑦负责本部门的团队建设工作，定期组织本部门人员进行各项培训；

⑧协调本部门与公司内部、外部相关部门之间的工作关系；

⑨负责公司制度、合同、协议等文件审核和各项经营活动的风险防范；

⑩完成总经理交办的其他工作任务。

（2）审计主管

①在审计经理的指导下，制定内部各项审计操作程序与流程，对审计工作的开展提出合理化建议；

②根据具体审计项目的实际情况，负责审计方案与审计计划编制等审计前期准备工作；

③独立组织或协调审计工作，并负责审计小组人员的日常管理与工作指导，与被审计对象交换审计意见及建议，出具审计报告和整改通知书；

④对各运营单元的整体风险进行分析与评价，并对重要业务流程进行潜在风险分析与提示，及时出具相关评价意见和报告；

⑤审核整改方案并进行跟踪检查，解决出现的新问题，并对最终结果发表建议；

⑥整理审计资料和文件，建立审计档案；

⑦配合审计经理完成企业管理层交办的专项、专案等其他审计工作事项。

（3）审计员

①在审计主管的指导下，负责完成各子公司资产、负债、收入、成本、费用、利润等单项业务的审计工作；

②审计各子公司各部门及所属内部独立核算单位的各项费用开支情况，出具报告并及时报送；

③参加各子公司相关财产、存货的清查盘点工作；

④对各子公司重要合同、协议的执行情况进行监察，出具报告并及时报送；

⑤对各子公司各项制度执行、授权权限审批、资质评审等进行审核，出具报告并及时报送；

⑥整理、归档各子公司审计资料，管理审计档案；

⑦完成上级主管交办的其他相关工作。

（4）费用稽核主管

①负责总公司及下属子公司市场费用的督察工作；

②配合审计经理开展终端执行状况的审计稽核；

③配合审计经理开展对各子公司管理制度及相关的营销政策、各项业务管理的督察工作；

④将稽核问题及时反馈给相关部门总监（经理），并协助和支持解决具体问题；

⑤审核稽查报告，汇总稽核情况，针对发现的问题提出处理意见，报批后执行；

⑥在审计经理的带领下，对企业制度流程的建立、执行情况进行监督检查，对制度执行中存在的问题予以及时反馈，进一步完善企业内控制度；

⑦按时上报工作计划、工作总结、报表等相关工作资料，做好部门上下、内外的协调沟通，做好稽核资料收集、整理、装订和归档工作；

⑧配合审计经理完成企业管理层交办的专项、专案等其他审计稽核工作。

（5）费用稽核员

①监察公司有关决议、各项业务管理（如销售、售后服务）政策的落实与执行情况；

②对各子公司申请活动费用的落实情况实施督察，对执行效果进行评估并出具报告；

③定期实地走访市场，收集、整理竞争品牌的信息与资料，分析市场信息（包括促销政策、推广方案、客户情况、市场价格等），就市场存在或潜在的问题出具市场稽查报告，并提出建议；

④核实各区域申请的非正编人员（促销/直销）人数和工作情况；

⑤拜访客户，了解客户库存情况，收集整理客户意见，并出具报告向公司反馈客户存在的问题；

⑥按时完成上级领导交办的其他相关工作。

（二）低碳经济背景下旅游企业内部审计管理制度设计

1.内部审计的工作程序制度设计

（1）内审部在年初根据公司的具体情况，拟定年度审计工作计划，报公司管理层批准后实施。

（2）内审部应当在实施审计三日前，向被审计单位下达审计通知书。审计通知书的内容包括：被审计单位名称，审计的依据、范围、内容、方式和时间，审计人员名单，对被审计单位配合审计工作的具体要求。

内审部认为需要被审计单位自查的，应当在审计通知书中写明自查的内容、要求和期限。审计通知书如图6-4所示。

***********有限公司**

审 计 通 知 书

**审字第　号

关于对（单位）**（项目）进行审计的通知**

**（单位）：

根据（集团）公司年度审计计划和经理安排，决定派出审计组，自　年　月　日起对你单位**年度**（项目）进行审计，必要时将追溯其他年度或延伸审计其他单位。请予积极配合，并提供有关资料和必要的工作条件。

特此通知

组长：***　职务：***

主审：***

成员：***

****************公司审计部（盖章）

年　月　日

图 6-4　审计通知书

（3）内部审计人员通过审查被审计单位的会计凭证、会计账簿、会计报表，查阅与审计事项有关的文件、资料，检查现金、实物、有价证券，以及向有关单位和个人调查等方式进行审计，并取得证明材料。内部审计人员获取的审计证据应当具备充分性、相关性和可靠性。内部审计人员应当将获取审计证据的名称、来源、内容、时间等信息清晰、完整地记录在工作底稿中。内部审计人员向有关单位和个人调查取得的证明材料，应当有提供者的签名或盖章，未取得提供者签名或盖章的应当注明原因。

（4）内部审计中如有特殊需要，可以指派或者聘请专门机构、专业人员参加。

（5）对于审计中发现的问题，内审部应当与被审计单位交换审计意见，提出改进建议。被审计单位如有异议，应在规定时间将书面意见反馈给内审部。内审部将内部审计报告报送公司管理层审定后，应根据其批复，将审计意见及建议下发至被审计单位，并视必要程度要求被审计单位对审计意见所述事项进行书面回复。

（6）内部审计人员应当编制审计工作底稿，如下图所示。内容包括：被审计单位的名称，审计项目的名称及实施的时间，审计过程记录，编制者的姓名及编制日期，复核者的姓名及复核日期，索引号及页次，以及其他应说明的事项。

×× 旅游公司内部审计工作底稿

××××有限公司审计部　　　　　　日期：　　　　　　编制：

<table>
<tr><td colspan="4">被审计单位名称</td></tr>
<tr><td>审计期间或截止日</td><td></td><td>审计项目</td><td></td></tr>
<tr><td colspan="4">审计情况记录：</td></tr>
<tr><td>结论及说明</td><td colspan="3"></td></tr>
</table>

索引号：

页码：

复核人：　　　　　　　　　　　　复核日期：

（7）内审部以业务环节为基础开展审计工作，并根据实际情况，对与财务报告和信息披露事务相关的内部控制设计的合理性和实施的有效性进行评价。

（8）内部审计通常应当涵盖公司经营活动中与财务报告和信息披露事务相关的所有业务环节，包括但不限于销货及收款、采购及付款、存货管理、固定资产管理、资金管理、投资与融资管理、人力资源管理、信息系统管理和信息披露事务管理等。内审部可以对上述业务的范围进行调整。

（9）内部审计人员在审计工作中应当按照有关规定编制与复核审计工作底稿，并在审计项目完成后，及时对审计工作底稿进行分类整理并归档。内审部应当建立工作底稿保密制度，并依据有关法律、法规的规定，建立相应的档案管理制度，明确内部审计工作报告、工作底稿及相关资料的保存时间。

（10）内审部应当对审计项目进行后续监督，督促被审计单位采纳审计意见，进行整改工作。

2.内部审计报告制度设计

（1）内审部实施审计后，原则上应当在10个工作日内完成内部审计报告。

（2）内部审计报告应征求被审计单位的意见，被审计单位应在内部审计报告征求意见书上签署意见，并签字、盖章。被审计单位对内部审计报告有异议的，内审部应当进一步核实、研究。审计人员应当将内部审计报告和被审计单位对审计报告的书面意见，一并报送董事会审计委员会。

（3）内部审计报告应当包括下列内容：审计的依据、范围、内容、方式和时间，被审计单位的有关情况，实施审计的有关情况，审计评价意见，对违反有关规定的行为的定性、处理处罚建议及依据。

参考文献

[1] 于潇潇.论企业集团内部控制制度的构建［J］.中国乡镇企业会计，2015（12）.

[2] 花璇.财务在企业内控管理中的角色探析［J］.会计师，2015（22）.

[3] 陈超.制度经济学视角：财务治理结构博弈与辩证选择［J］.财会通讯，2015（3）.

[4] 李鹏，杨桂华.生态经济学学科基本问题的新思考［J］.生态经济，2010（10）.

[5] 金乐琴.中国低碳发展：市场失灵与产业政策创新［J］.北京行政学院学报，2010（1）.

[6] 张绍鸿，曾凡银，尤建新.节能减排立法的国际经验及其借鉴［J］.国家行政学院学报，2010（4）.

[7] 陈迎.温室气体减排的主要途径与中国的低碳经济转型［J］.科学对社会的影响，2010（1）.

[8] 吕江.《低碳转型计划》与英国能源战略的转向［J］.中国矿业大学学报（社会科学版），2010（3）.

[9] 王岩，张建超.国外碳税研究文献综述——基于碳税的设计与制度安排［J］.广东社会科学，2011（1）.

[10] 简娟，邹冬生.林业碳汇的法律制度设计［J］.价值工程，2010（34）.

［11］王遥，刘倩.碳金融市场：全球形势、发展前景及中国战略［J］.国际金融研究，2010（9）.
［12］王换娥，赵锦.碳金融项目操作模式研究［J］.合作经济与科技，2011（8）.
［13］列春.奥巴马政府支持新能源产业发展的措施［J］.工程机械，2010（1）.
［14］董红焕.低碳经济与奥巴马政府的新形象［J］.改革与开放，2011（8）.
［15］陈柳钦.日本如何推进建设低碳社会（下）［J］.节能与环保，2010（9）.
［16］邵冰.日本低碳经济发展战略及对我国的启示［J］.北方经济，2010（7）.
［17］刘波.积极应对气候变化履行企业社会责任——洛阳北方企业集团有限公司主动开展温室气体核查项目纪实［J］.认证技术，2011（2）.
［18］汪宇明.倡导低碳旅游，推进发展方式转型［J］.旅游学刊，2010（2）.
［19］盖莉.浅谈企业孵化器的财务管理——对孵化企业财务管理集中化运营的思考［J］.财会通讯，2009（26）.
［20］刘艳莉，吕彦昭.企业孵化器的概念、分类与运行模式［J］.商业经济，2012（5）.
［21］林旭伟.试论在创新驱动转型发展中孵化器的建设作用［J］.中国高新区，2012（8）.
［22］杨凯，熊枫，杨礼琼.大众创业、万众创新背景下的科技企业孵化器建设专项支出绩效评价与创新发展之路——以G省C市为例［J］.科技管理研究，2015（18）.
［23］杨红丽.企业财务预算管理的重要性［J］.中外企业家，2014（15）.
［24］张根明，李琳.孵化器、风险投资与创业绩效关系的实证研究［J］.科技进步与对策，2010（17）.
［25］叶火杰，钟书华.企业加速网络的兴起及治理结构［J］.科研管理，2013（10）.
［26］王劲颖，沈东亮，屈涛，刘忠祥.美国非营利组织运作和管理的启示与思考——民政部赴美国代表团学习考察报告［J］.社团管理研究，2011（3）.

[27] 侯树强.浅谈民营企业内部财务控制制度——以中国龙士达集团控股有限公司为例 [J].沈阳工程学院学报(社会科学版), 2010 (2).

[28] 纪连贵.论企业财务风险的构成与成因 [J].河北经贸大学学报, 1998 (1).

[29] 潘爱玲.可持续发展视角下的企业财务控制 [J].贵州社会科学, 2007 (3).

[30] 汤谷良.财务控制新论——兼论现代企业财务控制的再造 [J].会计研究, 2000 (3).

[31] 吴莉莉.我国企业财务风险预警指标的构建 [J].中国集体经济, 2010 (22).

[32] 曹美文.优化企业财务内部控制的措施探讨 [J].行政事业资产与财务, 2015 (36).

[33] 苗建壮.新会计准则下企业财务管理的创新研究 [J].企业改革与管理, 2015 (23).

[34] 陈宁.浅议应收账款核算与管理 [J].时代金融, 2015, (36).

[35] 郭巧.基于加强企业内部会计制度的探讨 [J].商场现代化, 2015 (29).

[36] 孙宇辰.新会计制度下财务管理模式探讨 [J].吉林省教育学院学报(中旬), 2015 (12).

[37] 陈存芹.集团企业财务管理问题分析 [J].山西农经, 2015 (10).

[38] 苏巍巍.关于企业财务内部控制问题的思考 [J].经济研究导刊, 2015 (25).

[39] 吴寿仁.企业孵化原理 [M].南京：江苏科学技术出版社, 2007.

[40] 殷群.企业孵化器与自主创新 [M].北京：科学出版社, 2010.

[41] 陈春花.从理念到行为习惯：企业文化管理 [M].北京：机械工业出版社, 2014.

[42] 黄娟.企业内部财务控制研究 [M].成都：西南财经大学出版社, 2010.

[43] 李维安.现代公司治理研究:资本结构公司治理和国有企业股份制改造 [M].北京：中国人民大学出版社, 2002.

[44] 厉以宁.论民营经济 [M].北京：北京大学出版社, 2007.

[45] 孙星.风险管理 [M].北京：经济管理出版社, 2007.

[46] 张耀文.基于双边市场理论的移动应用商店盈利模式研究[D].北京邮电大学，2013.

[47] 任洁.我国企业集团财务共享服务中心的优化研究[D].陕西科技大学，2015.

[48] 蒋演彪.威尚集团财务管理体系优化研究[D].吉林大学，2015.

[49] 李耀明.OSN公司财务控制体系构建研究[D].西北大学，2014.

[50] 连梅.清能集团财务控制优化设计研究[D].中国地质大学（北京），2014.

[51] 朱江琼.主题公园盈利模式研究——以深圳东部华侨城为例[D].山东大学，2012.

[52] 李彭渤.×公司财务内部控制研究[D].长春理工大学，2009.

[53] 朴莲花.股份公司内部控制研究[D].吉林大学，2004.